(Couverture la Couverture)

LES
FILS DE JUDAS

PAR

PONSON DU TERRAIL

I

UN CONTE DES MILLE ET UNE NUITS

PARIS

E. DENTU, ÉDITEUR

LIBRAIRE DE LA SOCIÉTÉ DES GENS DE LETTRES
PALAIS-ROYAL, 17 ET 19, GALERIE D'ORLÉANS.

LES
FILS DE JUDAS

PARIS. — TYPOGRAPHIE E. PANCKOUCKE et Cⁱᵉ.

LES
FILS DE JUDAS

PAR

PONSON DU TERRAIL

I

UN CONTE DES MILLE ET UNE NUITS

PARIS
E. DENTU, ÉDITEUR
LIBRAIRE DE LA SOCIÉTÉ DES GENS DE LETTRES
Palais-Royal, 17 et 19, galerie d'Orléans
1867
Tous droits réservés

Je dédie ce livre à mon maître et excellent ami ÉLIE BERTHET, comme un témoignage de respectueuse camaraderie et de sympathique estime.

PONSON DU TERRAIL

LES FILS DE JUDAS

PROLOGUE

LA VISION

CHAPITRE Ier

Maître Callebrand avait plusieurs fois déjà ouvert sa fenêtre et s'était penché au dehors avec inquiétude, murmurant parfois :

— Pourquoi donc Tony ne revient-il pas ?

Onze heures du soir venaient de sonner cependant et la pluie torrentielle qui tombait depuis huit heures, entremêlée de rafales et d'éclairs, avait rendu les rues désertes dans ce quartier toujours solitaire qu'on appelle l'île Saint-Louis.

Maître Callebrand était seul dans son laboratoire, situé dans un vieil hôtel qui faisait l'angle de la rue des Deux-Ponts et dont les croisées donnaient à la fois sur la Seine et sur l'extrémité de la Cité qu'on appelait jadis le Terre-Plein.

Le laboratoire, vaste pièce à panneaux de boiserie et à plafond traversé par de grandes solives peintes, était plongé dans l'obscurité.

Au milieu seulement, on apercevait un point lumineux rougeâtre.

C'était la braise d'un fourneau, sur lequel était un alambic.

Mais, si le fourneau était sans rayonnements, parfois un violent coup de tonnerre retentissait au dehors, un éclair déchirait la voûte noire du ciel, et alors, pendant une seconde, le laboratoire resplendissait et laissait voir son monstrueux et pittoresque amalgame de cornues, de vases, de fioles, de livres couvrant des tables, jonchant le sol; de parchemins épars çà et là, et d'instruments de physique et de chimie dont le cuivre répondait au feu céleste par des myriades d'étincelles.

Enfin, debout, près du fourneau, les bras

croisés, la tête rejetée en arrière, le *maître !* c'est-à-dire Callebrand, le grand chimiste, le Flamel moderne aux prises avec la science, le chercheur infatigable, qui depuis vingt années tourmentait la nature pour lui dérober un secret.

C'était un homme de haute taille, au front dégarni par une calvitie prématurée ; aux rides profondes creusées par l'étude et la méditation ; sa joue amaigrie, sa bouche qu'un sourire mélancolique plissait quelquefois, témoignaient chez lui de ce dédain sans amertume que les âmes fortement trempées ont pour les vulgaires intérêts et les passions mesquines de ce monde.

Avait-il soixante ans ou quarante ?

Nul peut-être n'aurait pu le dire.

Quand il méditait, le temps semblait appuyer sur lui son lourd genou.

On eût dit un vieillard.

Quand il avait *trouvé*, lorsque son long effort aboutissait à une de ces victoires sans bruit, sans éclat, et plus glorieuses par cela même que celles des champs de bataille, que l'homme remporte sur la nature, alors sa taille voûtée se redressait, son œil avait un éclair et tout son visage s'éclairait des rayonnements de la jeunesse.

Maître Callebrand était sans lumière.

Les ténèbres plaisent à ceux qu'étreignent de fortes pensées.

L'œil fixé sur le fourneau, il paraissait attendre avec anxiété quelque mystérieux résultat.

Parfois, il soulevait le couvercle de l'immense chaudière placée sur le fourneau et dans laquelle bouillonnait une liqueur noirâtre.

Puis, il disait avec une sorte de découragement :

— Pas encore! me serais-je donc trompé?

Alors, rappelé aux choses de ce monde, il revenait à la fenêtre demeurée ouverte et plongeait son regard dans la nuit.

La pluie tombait toujours et les pavés étaient luisants.

Au delà du quai la Seine roulait bruyamment son flot bourbeux.

Le vent courbait la flamme des réverbères, qui souvent paraissaient s'éteindre.

C'était un de ces splendides orages du mois de juin, qui convertissent en quelques heures les rues de la grande cité en torrents.

— Le pauvre enfant se sera abrité sous le porche de quelque maison! murmura maître Callebrand, qui revint auprès du fourneau.

Mais tout à coup le maître jeta un cri de joie.

Le cri du triomphe longtemps attendu, longtemps disputé, et souvent désespéré.

Une flamme bleuâtre, semblable à celle qui se dégage la nuit d'un bol de punch, courait légère comme un feu follet autour de l'alambic.

Puis elle changeait de couleur, devenait d'un violet tendre, puis d'un rose vif, pour retourner à un bleu d'azur mêlé de reflets argentés.

Un moment immobile, la sueur au front, le cœur battant avec force, maître Callebrand demeura à trois pas de l'alambic, les yeux fixés sur cette flamme.

Puis la flamme s'éteignit et tout rentra dans les ténèbres.

Cependant maître Callebrand n'osait bouger. On eût dit qu'une émotion terrible le dominait. Enfin, il fit un effort suprême, courut au fourneau, se baissa, et plongeant dans le brasier une tige de fer, il l'y laissa quelques minutes, la retira ensuite incandescente et l'approcha d'un flambeau.

Puis il fit un soufflet de ses joues enflées, et une étincelle arrachée par son souffle puissant à la tige de fer rougie alluma la bougie.

Alors encore tout frémissant, pâle et l'œil en feu, il souleva le couvercle de la chaudière.

La matière noirâtre était maintenant éblouissante comme de l'argent auquel on aurait mélangé des paillettes de cristal.

Et le maître gonflant sa poitrine, les narines dilatées, prononça le mot fatidique :

Euréka !

Maître Callebrand venait de trouver ce qu'il cherchait depuis vingt années avec une héroïque obstination.

Et tandis qu'il demeurait là palpitant, penché sur son œuvre, la porte du laboratoire s'ouvrit et un jeune homme ruisselant de pluie entra et s'arrêta un moment sur le seuil.

Le maître courut à lui et lui prit vivement la main.

— Tony ! Tony ! dit-il, j'ai *trouvé.*

— Ah ! fit le jeune homme, dont le visage amaigri et blême devint livide.

— J'ai trouvé ! répéta le savant.

— Et qu'avez-vous donc trouvé, maître ? demanda le jeune homme d'une voix altérée.

— Le grand secret que je cherchais, celui qui doit faire de moi un des grands hommes de ce siècle et immortaliser mon nom,

Et le savant pressa dans ses bras son élève chéri, qu'en ce moment mordait au cœur la plus infernale et la plus basse de toutes les passions, — l'envie!

CHAPITRE II

Quel était ce jeune homme?

Il s'appelait Tony et n'avait pas d'autre nom.

C'était un de ces enfants perdus qu'on appelle un enfant trouvé.

Le maître l'avait rencontré un soir, il y avait vingt ans, pleurant et mourant de faim, dans une rue d'un des plus populeux quartiers de Paris : la Villette.

La jolie figure de l'enfant avait séduit le savant, il l'avait emmené avec lui, l'avait pour ainsi dire adopté, et lui avait donné le pain d'abord, l'éducation ensuite.

Tony était le meilleur élève de Callebrand au temps où Callebrand professait.

Lorsque Callebrand avait quitté sa chaire pour se consacrer entièrement à la recherche de grandes découvertes, Tony était resté chez lui comme opérateur.

A voir ce pâle jeune homme aux cheveux blonds, à l'œil d'un gris clair, aux lèvres minces armées d'un sourire amer, on devinait qu'il était tourmenté par un ver rongeur.

Tony avait le sentiment de son obscurité et il maudissait son sort.

Tony était pauvre et il eût voulu être riche.

Jusqu'à ce jour, son travail, ses recherches, ses études n'avaient-elles pas été simplement une pierre ajoutée à l'édifice du maître?

Qui donc en avait profité? — Callebrand.

Et quand ils sortaient tous deux, ce qui était rare, du reste, qui donc saluait-on? — Callebrand, toujours Callebrand!

Car c'était le maître, lui, l'homme dont la renommée allait grandissant de jour en jour et comme épaississant l'obscurité de l'élève.

Et l'élève, dans son ombre, haïssait au lieu d'aimer, enviait au lieu d'admirer.

C'était un serpent que Callebrand avait lentement, patiemment et amoureusement réchauffé dans son sein.

Mais les âmes fortes, les natures d'élite, en

même temps qu'elles sont exemptes d'envie, sont pleines de bonhomie et de confiance.

Callebrand aimait Tony comme son fils.

Tony haïssait Callebrand comme l'ombre hait la lumière.

Haine sourde, mystérieuse, enveloppée de sourires et de marques de respect, — haine terrible comme seuls en inspirent les hommes de valeur aux impuissants.

Mais Callebrand, plein d'abandon et de foi, avait pris la main de son élève et répétait avec un naïf enthousiasme :

— J'ai trouvé, tu vas voir.

Tony se taisait.

Le maître alluma plusieurs flambeaux et les plaça autour de la chaudière qu'il retira du fourneau.

Tony vit alors cette matière brillante qui, un moment, avait eu des reflets argentés et qui crépitait encore dans la chaudière.

— Qu'est-ce que cela? demanda-t-il.

— Du platine avec un alliage d'argent. Aide-moi.

Et Callebrand prit une des anses de la chaudière.

— Que voulez-vous faire, maître?

— Refroidir ce métal.

Tony et Callebrand portèrent la chaudière dans un angle du laboratoire, où un immense baquet d'eau froide ressemblait, sous les feux des flambeaux, à un miroir liquide.

Puis ils versèrent dedans son contenu.

Le métal en fusion siffla, s'enveloppa de fumée et, comme disent les forgerons, s'éteignit.

— Eh bien? dit Tony avec une interrogation marquée.

— Attends...

— Et Callebrand alla prendre une aiguière dans laquelle était une eau d'une belle couleur violet tendre, semblable comme aspect à celle qui brille à la vitrine des pharmaciens.

Puis, ayant placé cettte aiguière sur une table, il plongea ses deux mains dans le baquet.

L'eau était chaude de tout le calorique dégagé par le métal, qui n'était plus que tiède.

— Prends ce bloc, fit Callebrand en désignant le lingot qu'il venait de poser sur la table à côté de l'aiguière.

Tony appuya ses deux mains dessus et jeta un cri d'étonnement. Le métal, bien que n'étant plus en fusion, était demeuré malléable et souple comme de l'argile! Les deux mains y avaient laissé leur empreinte, comme si elles avaient été moulées dans l'argile.

Callebrand regardait son élève avec un sourire de triomphe.

— Ecoute-moi bien maintenant, dit-il. Ma découverte ne s'étend pas seulement au platine, elle s'étend à tous les métaux. Le fer, le cuivre, le bronze lui-même deviendront de la cire sous mes mains.

J'ai trouvé la malléabilité des métaux sans le secours de la fusion.

Comprends-tu ?

— Mais, à quoi cela vous servira-t-il ? demanda Tony, qui regardait son maître avec inquiétude.

— Comment ! mais tu ne comprends donc pas que la sculpture n'aura plus besoin de faire une maquette, et après la maquette, un moule ? que le graveur, au lieu d'un burin solidement trempé, pourra se servir d'une palette d'ivoire ? que le travail de plusieurs mois se fera en deux jours ? et que l'artiste, s'attaquant lui-même au métal, sera dix fois plus sûr de son œuvre que lorsqu'il employait un metteur au point, toujours vaniteux de substituer sa pensée à celle de l'artiste ?

— Tout cela est fort beau, murmura Tony, dont l'accent avait une aigreur extraordinaire. Mais comment rendrez-vous au bronze devenu statue, à l'acier converti en gravure, leur rigidité première?

Callebrand continua à sourire.

Puis il prit le bloc de métal et, avec un ciseau à froid, il se mit à en couper un morceau aussi facilement que s'il eût entamé un pain.

— Ce n'est pas du platine, dit Tony, c'est du beurre.

Callebrand prit ce morceau, l'étendit sur la table, le roula, le pétrit, et Tony vit sortir des mains du chimiste, au bout d'un quart d'heure, une statuette.

Puis Callebrand trempa la statuette dans l'aiguière qui était pleine du liquide violet et l'y laissa quelque temps.

Tony attendait avec une sorte d'anxiété.

— Tu peux la retirer maintenant, dit Callebrand à son élève.

La statuette avait acquis la dureté du diamant.

Callebrand prit un marteau, plaça la statuette sur une enclume et frappa à coups redoublés. Tony le regardait avec ébahissement. Ses yeux glauques dardaient des éclairs sur le bloc.

La statuette résista; elle ne fut ni bosselée ni entamée.

Le visage de Callebrand rayonnait :

— Ma fille, s'écria-t-il, sera bientôt assez riche pour épouser un prince, si bon lui semble !

A ces derniers mots, Tony mordit ses lèvres minces et sa pâleur nerveuse augmenta.

Le maître demeurait en contemplation devant sa découverte, peu sensible à l'ouragan qui faisait rage au dehors et oubliant de demander à Tony le résultat du voyage qu'il lui avait fait faire de l'autre côté des ponts.

— Maître, interrompit celui-ci de sa voix aigre, il est plus de minuit et Mlle Marthe doit vous attendre depuis longtemps.

— Elle me pardonnera quand je lui dirai que je lui apporte une fortune.

Cependant rappelé aux choses de ce monde par son élève chéri, Callebrand avait pris son manteau et son chapeau, car il n'habitait pas la maison où était son laboratoire.

— Mon enfant, dit-il à Tony, qui couchait dans cette pièce, en toute saison, sur un lit de camp, plus que jamais veille bien à ce que les indiscrets ne pénètrent point ici. Je sais des gens qui payeraient bien cher pour me voir travailler.

— Moi aussi, dit Tony.

— Je serai de bonne heure ici demain, ajouta Callebrand.

Et, s'enroulant dans son grand manteau, se couvrant de son large chapeau, il ouvrit la porte et sortit.

Tony, appuyé sur le rebord de la fenêtre, la tête appuyée sur ses coudes, regardait la pluie tomber et les éclairs déchirer le ciel.

— Quelle nuit! murmura-t-il.

Il avait éteint les flambeaux après le départ du maître, et le laboratoire était retombé dans l'obscurité.

Et, dans l'obscurité, Tony se prit à songer.

— Ils avaient donc raison, ces hommes que j'ai vus ce soir et qui m'offraient une somme d'argent pour les laisser pénétrer, la nuit, dans le laboratoire? Le maître était donc à la recherche d'un secret qui révolutionnera la science? Et ce secret, il l'a trouvé!...

Et il deviendra plus célèbre encore, et il continuera à grandir en fortune et en renommée ; et je demeurerai, moi, humble, obscur, rampant; vil reptile se traînant à la surface du sol, je verrai le maître monter, monter toujours !

Oh! si ces hommes pouvaient venir !...

Et, comme il parlait ainsi, un coup de tonnerre ébranla la vieille maison jusque dans ses antiques fondations, et un éclair illumina le laboratoire.

Tony ferma les yeux, ébloui, puis il les rouvrit...

L'éclair durait encore et faisait resplendir un cadre de cuivre doré enfermant de merveilleux émaux, qui représentaient un *Chemin de croix*.

Et parmi tous ces personnages que Tony put voir distinctement pendant une seconde, il y en eut un qui fixa son regard et le fascina.

C'était le treizième apôtre, Judas, l'infâme qui avait vendu son maître et son Dieu pour trente deniers.

CHAPITRE III

Quels étaient ces hommes qui avaient offert de l'argent à Tony pour qu'il les laissât pénétrer dans le laboratoire?

Il nous faut, pour le savoir, nous reporter au moment où Tony avait quitté son maître dans la soirée.

Callebrand, comme tous ceux qu'absorbe la science et qui vivent constamment dominés par une pensée unique, marchant vers un but sans relâche et se préoccupant à peine des nécessités de la vie, Callebrand ne se doutait même pas qu'il eût des ennemis acharnés.

Calme et souriant dans sa force, il marchait le front haut dans la vie et n'avait jamais entendu résonner à ses oreilles les murmures et les imprécations des envieux.

Mais la science ne donne le pain quotidien qu'à ceux qui font deux parts de leur temps.

Ainsi faisait maître Callebrand, car il avait une fille venue au monde au prix de la vie de sa mère.

Et Callebrand, qui n'avait besoin de rien, lui, était ambitieux pour sa fille.

En attendant la réalisation de ce grand œuvre qui devait mettre le sceau à sa réputation de chimiste et faire sa fortune, le maître était obligé de faire face aux nécessités quotidiennes ; pour cela, il faisait divers travaux pour une vaste usine qui était située à la Villette, dans la rue de Flandre.

Cette usine, qui était située à gauche en entrant, portait sur son fronton cette inscription en grosses lettres :

Baül, Tompson et Ce.
Métallurgie.

Deux fois par semaine, Tony allait à la Villette chercher les commandes de la maison Baül et Tompson.

M. Tompson était un de ces bons gros hommes, à figure épanouie, à favoris roux, à l'œil gris, qui rappellent les plus joviales créations des peintres flamands.

C'était un de ces Anglais qui passent un jour mystérieusement le détroit et ne retournent jamais dans leur patrie, où les attend quelque châtiment justement mérité.

M. Baül était l'opposé de M. Tompson.

Grand, sec, le ton doctoral, portant la cravate blanche à ravir, membre d'une foule de sociétés philanthropiques et savantes, M. Baül passait pour un homme austère, qui n'avait pas moins le mot pour rire et était complétement dévoué au progrès.

Depuis vingt ans ces deux hommes étaient perpétuellement lancés dans de colossales entreprises.

On les voyait jour et nuit ensemble, faisant une cote mal taillée, l'un avec sa rondeur, l'autre avec sa pédanterie.

Cependant plus d'un bruit fâcheux s'était élevé vaguement dans l'opinion publique.

Un jeune fondeur en cuivre s'était pendu de désespoir et avait, à sa dernière heure, accusé la maison Baül et Tompson de lui avoir volé une invention.

Ils avaient eu souvent des procès avec des contre-maitres.

Plus souvent encore on les avait accusés de manque de charité.

Un jour, naïf comme le sont les savants, maître Callebrand avait laissé échapper quelques mots devant eux, ayant trait à la découverte qu'il rêvait.

A partir de ce moment, les deux industriels avaient poursuivi lentement, mais d'une façon acharnée, un but mystérieux.

Tantôt l'un, tantôt l'autre, arrivait à l'improviste chez le savant.

Mais Callebrand les menait dans une petite pièce attenant à son laboratoire et ne les laissait jamais pénétrer dans cette dernière pièce.

Un jour Baül avait regardé Tony par-dessus les lunettes bleues qui abritaient son œil indécis.

Tony avait tressailli en rencontrant ce regard.

Le jeune homme parti, Baül avait dit à son associé :

— Je crois bien que c'est là qu'il faut frapper.

Et dès ce jour Tony avait été reçu à l'usine avec des ménagements, des égards et une affectuosité auxquels rien ne l'avait habitué.

Ce jour-là, comme il arrivait à l'usine vers

sept heures du soir, la pluie commençait à tomber.

Les deux associés étaient à table.

— Vous n'avez donc pas de parapluie? lui dit Baül.

— Auriez-vous donc déjà dîné? demanda le joyeux Tompson.

— Non, répondit Tony.

Le dîner paraissait bon; il y avait du vin jaune comme de l'ambre dans les carafes.

— Dînez donc avec nous, fit Baül.

Tony se défendit quelque peu, mais M. Tompson était si accort, si rondement avenant, que le jeune homme céda.

Le vin était bon, on lui en versa d'amples rasades.

En profond connaisseur du cœur humain, Baül jugea que le meilleur moyen de savoir si le jeune homme aimait son maître était de se livrer à un éloge sans réserve de celui-ci.

Tompson, le gai convive, ne perdait pas Tony du regard, et Tony pâlissait et se mordait les lèvres.

— Il est jaloux! pensa Baül.

Au dessert, Tony s'exprimait sur le compte de son maître avec une certaine amertume.

Callebrand le payait mal.

Ce qu'il lui donnait était plutôt une aumône qu'un salaire.

Tompson crut le moment arrivé.

— Mon garçon, dit-il, vous devriez vous établir.

— C'est impossible sans argent, répondit Tony.

— Si on vous commanditait...

— Et qui donc, bon Dieu?

— Nous, dit froidement Baül.

Tony les regarda avec étonnement.

— Il vous serait bien facile de gagner vingt mille francs, ajouta Tompson.

Tony ouvrit de grands yeux.

— Non pas en un an, ni en un mois, mais en une heure, reprit Baül.

— Et comment?

— Attendez. Callebrand ne couche pas dans son laboratoire?

— Non; j'y couche seul.

— Eh bien, dit nettement Tompson, si vous voulez nous y recevoir tous deux une nuit, pendant une heure seulement, les vingt mille francs sont à vous.

— Jamais! dit Tony dominé tout d'abord par un sentiment de loyauté.

— Comme vous voudrez, répondit Baül.

Et ils n'insistèrent pas.

Seulement, comme le jeune homme se retirait, Baül le suivit jusqu'à la porte de l'usine et lui dit :

— Un mot encore !

Prêt à franchir le seuil, Tony s'arrêta.

— Connaissez-vous une chanson appelée *la Faridondaine?*

— Oui, dit Tony un peu surpris.

— Il est possible, poursuivit Baül, que, chaque soir, vers minuit, vous entendiez chanter ce refrain sur le quai, sous les fenêtres du laboratoire.

— Eh bien? fit Tony en frémissant.

— Vous réfléchirez à notre proposition chaque fois que vous l'entendrez... et...

— Et? demanda Tony avec une émotion croissante.

— Si vos réflexions vous amènent à des idées plus raisonnables, vous ouvrirez la fenêtre.

— Et puis? demanda Tony d'une voix étranglée.

— Vous répondrez à la chanson par le refrain, acheva Baül.

Et il poussa le jeune homme dans la rue et ferma la porte.

Tony s'en revint, malgré la pluie, dans l'île

Saint-Louis, où nous l'avons vu entrer dans le laboratoire au moment où Callebrand s'écriait joyeux :

— J'ai trouvé le grand secret!...

CHAPITRE IV

Ainsi donc Tony était rentré, et il avait trouvé son maître joyeux, et il avait souffert de cette joie comme souffrent les envieux du bonheur des autres. Puis, le maître parti, nous l'avons vu prendre son front à deux mains et rêver à quelque infâme trahison, lorsqu'un éclair avait illuminé le *Chemin de Croix* que maître Callebrand possédait sur un des murs de son laboratoire.

Ce *Chemin de Croix* était une merveille déjà ancienne, l'œuvre d'un maître émailleur contemporain du grand Bernard Palissy.

Callebrand, qui ne se contentait pas d'être un savant, qui était aussi un grand artiste, avait rapporté cet objet d'art d'un de ses voyages en Allemagne.

Les peintures étaient d'une admirable pureté. Chaque scène de la passion respirait le mouvement, la vie... On eût dit que les apôtres marchaient. Et il sembla à Tony que cette figure de Judas, que le feu du ciel avait un moment éclairée, se montrait lumineuse, après que tout était rentré dans les ténèbres, et qu'elle le regardait à son tour.

Une heure s'écoula.

Tony immobile, les yeux fixés sur le *Chemin de Croix*, tantôt perdu dans l'ombre grise, tantôt violemment arraché aux ténèbres par les éclairs, car l'orage continuait avec violence, Tony était en proie à un malaise indéfinissable?

A quoi songeait-il ?

Et pourquoi cette obstination à regarder cette figure de l'apôtre infâme, chaque fois que la voûte plombée du ciel s'entr'ouvrait pour laisser passer le feu céleste ?

Tout à coup, dominant les bruits de l'orage, une voix s'éleva sous la fenêtre demeurée ouverte.

Cette voix chantait le refrain de la *Faridondaine.*

Tony se rejeta vivement en arrière et ferma la fenêtre.

— Non! non! dit-il, jamais! jamais!

La voix s'affaiblit et les pas qui avaient retenti sur le quai s'éloignèrent peu à peu.

Alors Tony reporta son regard obstiné sur le *Chemin de Croix*.

De nouveau, Judas lui apparut; de nouveau les éclairs lui brûlèrent les yeux.

Puis ses yeux se fermèrent, et il arriva une chose étrange : la veille et le rêve se confondirent pour lui, et Tony se trouva transporté dans un lieu inconnu, et il se vit couvert d'autres habits.

Et les habits qu'il portait ressemblaient à ceux dont le maître émailleur avait revêtu Judas Iscariote, l'apôtre du Christ.

Le laboratoire avait disparu.

L'horizon s'était agrandi, les vapeurs du soir montaient lentement de la plaine et estompaient les collines bleues, et Tony, qui ne s'appelait plus Tony, Tony, revêtu des habits de Judas et ayant pris son nom et son visage, se trouva dans ce lieu dont parle l'Ecriture et qu'on appelait Gethsémani.

Il était là, seul d'abord, assis à l'ombre d'un

olivier, ayant à ses pieds Jérusalem, la ville des prêtres et des pharisiens.

Et Tony-Judas regardait la ville et semblait lutter contre une tentation suprême.

Enfin il se leva et se mit à marcher droit devant lui à travers le jardin des Oliviers où le Christ avait été pris d'une grande tristesse le lendemain de la Pâque.

Et son pas était farouche, et la terre tremblait sourdement sous ses pieds.

Et à mesure qu'il approchait de la ville, les femmes et les enfants qui se trouvaient sur son passage se détournaient de lui.

Et Tony qui n'était plus Tony, mais qui se nommait Judas, avançait toujours...

Et lorsqu'il se trouva dans la ville, la nuit était venue, et le peuple qui encombrait les rues continua à s'écarter de lui avec une sorte d'horreur.

Judas marchait toujours et son pas était inégal et brusque.

Il arriva ainsi chez les princes des prêtres, hésita un moment à la porte de leur maison, puis frappa trois coups et entra.

La porte se referma sur Judas, et le rêve de Tony s'obscurcit un moment, ou plutôt un lourd sommeil s'empara de lui.

Puis ce sommeil devint lucide de nouveau, et Tony redevenu Judas se vit sortant de la maison des prêtres, où il avait accompli sans doute quelque odieuse action.

Et il reprit sa course à travers les rues de Jérusalem, et la terre continuait à trembler sous ses pieds.

Et toujours le peuple se détournait de lui.

Et à mesure qu'il marchait, un bruit métallique l'accompagnait.

C'étaient les trente deniers, prix de la trahison, qui se heurtaient sous ses doigts crispés, dans la poche de sa tunique.

Il arriva dans une maison où il y avait beaucoup de monde, et quand il fut entré il vit le maître et ses disciples qui mangeaient ensemble le pain de la Pâque.

Et le traître s'assit parmi eux, à la droite de celui qu'il appelait son maître et dont il était jaloux.

Et le maître disait en ce moment :

« Je vous le dis, en vérité, l'un de vous me trahira. »

Et Judas tressaillit.

Et chaque disciple ayant dit :

— Serait-ce moi, seigneur?

Le maître répondit :

3.

— C'est celui qui met la main au plat avec moi.

Et Judas pâlit et retira vivement sa main.

Et le maître et les disciples continuèrent leur repas, et le premier dit encore :

— Je vous serai à tous, cette nuit, un sujet de scandale.

— Maître, répondit Pierre, auprès de qui Judas s'était assis, quand vous seriez un sujet de scandale pour tous les autres, vous ne le serez jamais pour moi.

— Vous, dit le maître avec tristesse, avant que le coq ait chanté vous m'aurez renié trois fois...

. . . .

Et Tony s'éveilla en jetant un cri.

Un cri terrible...

Car un coq venait de chanter trois fois de suite à ses oreilles effrayées.

Et son chant avait éveillé Tony en sursaut.

Tony, qui se trouvait maintenant seul et dans les ténèbres.

L'orage avait passé, les éclairs s'étaient éteints.

Et Tony était couché sur le sol, dans le laboratoire, dont il ne voyait même plus les murs, tant la nuit était épaisse.

Tony sentait bien qu'il avait rêvé ; Tony savait maintenant qu'il était bien l'élève de maître Callebrand et non Judas Iscariote.

Mais Tony avait entendu le chant du coq, tout près de lui, vibrant, prophétique, railleur.....

Et Tony frissonnait de tous ses membres et n'osait faire un mouvement.

CHAPITRE V

Pendant une demi-heure, Tony, ivre d'épouvante, n'osa faire un mouvement.

Puis un rayon blanchâtre glissa par les fenêtres du laboratoire, et vint projeter de vagues lueurs sur tous les objets environnants.

Alors Tony se leva, et tout à coup il tressaillit et se mit à pousser un éclat de rire convulsif.

En même temps, le coq chanta quatre fois de suite.

Mais, cette fois, Tony n'eut pas peur et il haussa les épaules en se disant :

— Suis-je niais!

En effet, il avait devant lui, accroché au

mur qui faisait face aux croisées, un de ces naïfs coucous d'Allemagne dans lesquels les horlogers de la Forêt-Noire logent un coq mécanique, lequel, au moment où l'aiguille arrive sur l'heure, entr'ouvre une lucarne, se montre une minute, chante et disparaît, pour ne revenir qu'à l'heure suivante.

Il était quatre heures du matin et le jour arrivait fort à propos pour mettre un terme aux visions et aux terreurs folles de Tony.

Tony se redressa et ses regards furent attirés par le bloc de métal demeuré sur la table.

Il s'en approcha et se mit à le palper en tous sens.

Le métal avait conservé sa malléabilité.

La portion, au contraire, que Callebrand avait détachée et dont il avait fait une statuette, avait, en passant dans le bain mystérieux que renfermait l'aiguière, acquis une dureté si grande que la tentation de recommencer l'expérience du maître s'empara de l'élève.

Tony prit le marteau et essaya de briser la statuette. Elle résista.

Alors la jalousie revint au cœur de Tony :

— Oh! cet homme, murmura-t-il, cet homme sera donc grand et illustre? Cet

homme a donc conquis une place au soleil d
la renommée?

Et j'ai aidé à son œuvre, et je n'aurai pa
ma part de son triomphe?...

Et Tony se souvenait de ces longs travau
que le maître lui donnait depuis de long
mois et qu'il exécutait en aveugle, sans savoi
à quel but ils tendaient.

Et une rage folle s'empara de Tony.

Puis à l'accès de rage succéda une morn
prostration, et l'envieux se prit à réfléchir.

Et ses réflexions pouvaient se traduire ainsi

— Ce n'est plus vingt mille francs qu'il fau
dra que ces hommes me donnent pour péné
trer ici. Car je vais leur vendre un secret qu
fera leur fortune. Je veux la moitié de la dé
couverte.

Puis il s'arrêta comme si un obstacle insur
montable eût surgi tout à coup devant lui.

— Mais ce secret, dit-il, je ne le posséd
pas. Voilà le résultat, voilà la découverte,
mais par quel moyen cet homme l'a-t-il ob
tenu?

Et il prit son front à deux mains, ajoutar
d'un air découragé :

— Il ne me dira pas son secret.

Et Tony enfonçait ses ongles dans sa potrine mise à nu et ses lèvres crispées se frangeaient d'une légère écume.

Mais, tout à coup, se frappant le front, il s'écria :

— Moi aussi, je trouverai ! ne suis-je pas chimiste ? Je remettrai ce métal à la fonte, je le décomposerai, je saurai quel mystérieux alliage s'y mêle...

Un sourire de triomphe passa sur ses lèvres :

— Et la maison Baül et Tompson fera ma fortune! acheva-t-il en relevant la tête avec orgueil.

Alors il prit le couteau dont s'était servi Callebrand pour détacher le morceau dont il avait fait sa statuette, et il coupa un fragment du métal, si petit, que le maître ne pouvait s'apercevoir du larcin.

Puis encore il ouvrit une armoire et y prit une fiole de cuivre qu'il plongea dans l'aiguière et qu'il remplit de cette eau violette qui rendait au métal devenu argile sa rigidité première.

Puis il ferma soigneusement la bouteille, enveloppa le morceau de métal dans un linge et cacha le tout dans ses vêtements.

Après quoi il se déshabilla et se coucha sur le lit de camp qu'il dressait chaque soir dans un coin du laboratoire.

Une heure après, et comme Tony feignait de dormir, une clef tourna dans la serrure et Callebrand entra.

Le maître jeta un regard ami sur son élève qui avait le visage tourné vers le mur.

— Pauvre garçon! murmura-t-il, comme il dort!

Et, sans vouloir éveiller Tony, il se mit au travail, approchant avec précaution son fauteuil d'une grande table sur laquelle il y avait plusieurs livres ouverts.

Tony ne bougeait.

Callebrand, tout en travaillant, parlait à mi-voix, habitude qu'il avait toujours eue.

— Je ne sais pas pourquoi, murmurait-il, Marthe n'aime pas ce pauvre garçon. Elle l'a presque en horreur...

Il s'interrompit pour soupirer.

— Un moment, cependant, j'avais fait un rêve, poursuivit-il, celui de les marier. Tony est un bon sujet, il est travailleur... il est savant...

Et, soupirant de nouveau :

— Allons! il n'y faut plus penser!...

Tony écoutait ces paroles et demeurait immobile.

Mais, à mesure que le maitre trahissait

ainsi le secret de son âme, une voix criait à l'oreille de son élève :

— Voilà pourtant l'homme que tu vas trahir !...

Mais cette voix n'était pas celle du remords.

Tony avait une de ces natures mauvaises solidement trempées pour la haine et qui considèrent la bienveillance comme une insulte et le bienfait comme un châtiment dont il est bon de tirer vengeance tôt ou tard.

— Ah ! ta fille ne m'aime pas ! pensait-il ; ah ! elle me dédaignerait pour mari !... Voilà une bonne note de plus pour toi, cher maître !....

Et Tony se réjouissait par avance de voir son maître spolié de sa découverte, privé de sa gloire; et il lui semblait que l'heure n'était pas loin où Callebrand mourrait de désespoir.

Callebrand, pendant ce temps, continuait à travailler.

Et les heures passaient, et à chacune le coq du coucou chantait, le coq qui avait si fort épouvanté Tony pendant la nuit.

Enfin un rayon de soleil pénétra dans le laboratoire, et se heurta joyeux aux fioles et aux cornues, ricochant sur le cuivre rouge des instruments de physique et de chimie.

— Huit heures ! murmura Callebrand.

Et il se leva et alla toucher du bout de ses doigts l'épaule de Tony, qui parut s'éveiller.

— C'est vous, maître ? balbutia-t-il.

— Il y a longtemps que je suis là, répondit Callebrand en souriant.

— Excusez-moi; tant que l'orage a duré, je n'ai pu dormir.

— Mon garçon, reprit Callebrand, tandis que Tony s'habillait lestement, tu es allé hier chez M. Baül ?

— Oui, maître.

— Que t'a-t-il dit ?

— Qu'il ne pourrait vous avancer la somme dont vous avez besoin que si vous lui consacriez le reste de la semaine prochaine pour différents travaux à faire sur place dans l'usine.

— Oh ! dit Callebrand, ceci est tout à fait impossible ; tu comprends bien qu'après la découverte que j'ai faite, il faut que je m'occupe de prendre un brevet et que je n'aurai pas une minute de temps à moi pendant quelques jours.

Tu vas y retourner, Tony...

L'élève tressaillit.

Callebrand le poussait dans le chemin de la tentation.

— Tu vas y retourner, poursuivit Callebrand, et tu lui diras que la semaine prochaine je serai tout entier à sa disposition ; mais j'ai absolument besoin de la somme que je lui ai demandée.

— J'irai, dit Tony.

Et il acheva de s'habiller.

— Vas-y tout de suite, dit Callebrand.

— Comme vous voudrez, maître.

Tony se dirigea vers la porte, mais le maître se rapprocha.

— A propos, mon garçon, dit-il, tu sais que c'est aujourd'hui la fête de ma fille?

— Oui, maître.

— Tu viendras dîner à la maison, n'est-ce pas?

— Vous êtes trop bon...

— Je le veux, dit Callebrand en souriant. N'es-tu pas un peu mon enfant, toi aussi?

Tony ne répondit pas; mais il vint baiser son maître au front.

Puis, comme il s'en allait, ses regards tombèrent sur les émaux représentant le *Chemin de Croix*, et il lui sembla que la figure de l'apôtre infâme était tournée vers lui et lui souriait, et semblait lui dire :

— Tu viens de lui donner le baiser de Judas.

CHAPITRE VI

— C'est pourtant un joli denier, vingt mille francs, cher monsieur Tony, disait l'excellent Tompson en sirotant son café, dans lequel il avait versé un grand verre de gin.

— J'ai travaillé dix années pour amasser cette première somme, ajoutait M. Baül.

Tony demeurait impassible, tandis que les deux associés se regardaient avec inquiétude et d'un air qui voulait dire :

Serait-il fidèle et nous serions-nous trompés sur son compte?

Cela se passait une heure après le départ de Tony du laboratoire de maître Callebrand, dans le cabinet de MM. Baül et Tompson.

Tony avait un petit air sec et suffisant, joint à un flegme parfait.

Il était venu s'acquitter de la mission que lui avait donnée Callebrand, et il attendait une réponse.

Mais M. Tompson répondait :

— Nous parlerons de maître Callebrand tout à l'heure. Causons de vous d'abord. Voyons, mon jeune ami, l'exemple de votre patron, ayant, à son âge et après sa carrière si laborieuse, besoin d'une misérable somme de quinze cents francs, devrait vous décider.

— Et puis, reprenait M. Baül, remarquez ce que nous vous demandons : rien, ou presque rien ; pénétrer une heure dans le laboratoire. Vous pensez bien que nous ne sommes pas des voleurs ; nous n'emporterons rien, soyez tranquille.

— Rien de matériel, peut-être ; mais un secret, dit froidement Tony.

Les associés tressaillirent, et le jovial M. Tompson fixa sur Tony son petit œil gris.

Mais Tony reprit, sans se départir de son calme :

— Encore une fois, messieurs, voulez-vous, oui ou non, faire cette avance sur les travaux de maître Callebrand ?

— Impossible, dit Baül.

— Nous sommes très-gênés, ajouta Tompson.

Un sourire railleur passa sur les lèvres blêmes de Tony :

— Il paraît, dit le jeune homme, que quinze cents francs sont une somme beaucoup plus importante que vingt mille francs.

— Vous plaisantez agréablement, jeune homme, dit M. Tompson.

— Et nous sommes en affaires, pourtant, fit d'un ton de reproche le doctoral M. Baül.

— L'affaire est finie, puisque vous refusez, dit Tony.

Et il fit un pas de retraite.

— Mais pas précisément, dit Baül qui le retint par le bras. Asseyez-vous donc, nous allons voir... que diable ! Toute chose demande réflexion.

Tony ne se fit pas prier. Il se rassit.

— Voyons, reprit M. Tompson, ne nous avez-vous pas dit tout à l'heure que le laboratoire de votre maître renfermait un grand secret ?

— Peut-être.

— Et vous craindriez, en nous laissant entrer...

— Il est bien certain que vous n'y viendriez

pas pour autre chose, répliqua froidement Tony, et vous feriez une trop belle affaire.

— En vérité !

— C'est donc un secret bien important ? demanda le naïf M. Tompson.

— C'est une découverte qui fera la fortune de maître Callebrand.

— Allons donc !

— Il a besoin de quinze cents francs aujourd'hui, poursuivit Tony. Dans six mois, il aura des millions.

L'inquiétude s'empara de nouveau des deux honnêtes associés.

Tony ajouta d'un ton dédaigneux :

— Vraiment ! si j'étais capable de vendre les secrets de mon maître, je vous demanderais un autre prix.

Tompson regarda Baül. Baül dit, semblant faire un effort :

— Si on doublait la somme ?

Tony eut un petit rire sec qui leur donna le frisson :

— Vous êtes généreux ! dit-il.

Et il se leva de nouveau.

— Allons ! dites-nous vos prétentions, mon garçon, reprit vivement M. Tompson.

Et il avala un verre de gin, comme pour se donner du courage.

Un changement subit s'opéra alors dans ce jeune homme pâle, au regard indécis, aux vêtements de pauvre apparence, et qui avait toujours eu, jusque-là, un air souffreteux et malingre.

Il redressa sa taille un peu voûtée, son œil s'éclaira, ses lèvres minces s'armèrent d'un sourire à demi protecteur.

M. Baïil et M. Tompson se sentirent dominés.

— Messieurs, dit Tony, vous m'avez donné hier un bon conseil.

— Nous n'en donnons jamais de mauvais, fit M. Tompson d'un ton modeste.

— Aussi je veux le suivre et m'établir.

— Ah ! ah !

— Seulement, il me faut des associés et j'ai pensé à vous.

M. Tompson fit un soubresaut sur son fauteuil à dossier de cuir, et M. Baïil crut avoir mal entendu.

— J'ai pensé, poursuivit Tony, toujours calme, que vous pourriez passer un petit acte de société nous concernant tous les trois.

— Mais... monsieur... hasarda Tompson.

— Hum! hum! fit Baül.

— Si vous ne le rédigez pas aujourd'hui, acheva Tony, il est inutile que vous veniez chanter ce soir la *Faridondaine* sous les fenêtres du laboratoire.

Cette fois, il fit tout de bon un pas de retraite.

Les deux associés se regardaient avec une sorte de stupeur.

— Mais, un mot encore, fit Baül.
— J'écoute.
Et Tony s'arrêta.

— Quel sera le but de l'acte de société dont vous me parlez?

— L'exploitation de la découverte, répondit Tony.

— Vous ne voulez donc plus les quinze cents francs de ce pauvre Callebrand? demanda Tompson.

— Mais si, au contraire.

— Alors, faites-moi un reçu en son nom.

M. Tompson ouvrit la caisse, y prit trois billets de cinq cents francs et les tendit à Tony qui les prit et les mit dans sa poche.

Puis il s'en alla en disant :

— Vous réfléchirez, messieurs...

— Cette fois, Baül ne le reconduisit pas.

Les deux associés, bien longtemps après son départ, se regardaient encore d'un air consterné.

....

Tony, lui, cheminait d'un pas leste et s'en allait à pied, par les rues de Paris, comme un homme à qui la fortune vient de sourire.

Il arriva au laboratoire où maître Callebrand attendait avec une certaine anxiété, car il avait un pressant besoin de la somme demandée.

— Voilà, dit Tony en posant sur la table les quinze cents francs. Mais ça n'a pas été sans peine, je vous assure. Ces gens-là sont horriblement serrés.

Callebrand eut un sourire d'orgueil :

— Bientôt, dit-il, je n'aurai plus besoin d'eux.

Et il ajouta :

— Je vais sortir. J'ai différentes courses à faire. Je ne rentrerai pas ici. Mais souviens-toi que Marthe t'attend pour dîner à six heures.

— J'irai, répondit Tony.

Quand le maître fut parti, Tony s'aperçut que les lingots de platine avaient disparu.

En même temps, il constata que Callebrand

avait fermé un grand bahut à clef, ce qu'il ne faisait jamais.

— Se méfierait-il de moi ? pensa-t-il.

Puis, ayant suivi des yeux son maître qui tournait l'angle du quai, il revint au fourneau dans lequel il remua la braise à peu près éteinte sur lequel il posa un petit réchaud.

— Voyons à décomposer le travail du maître, se dit-il.

Et il jeta dans le réchaud le morceau de platine qu'il avait volé le matin.

CHAPITRE VII

Suivons maintenant Callebrand chez lui.

Le maître, on le sait, habitait à l'autre extrémité de l'île Saint-Louis, dans une vieille maison mitoyenne du célèbre hôtel Lambert.

Son appartement, plus que modeste, comme loyer, avait cependant assez grand air. Un escalier de pierre à cage de fer y conduisait, des portes à deux vantaux avec dessus peints à la manière de Boucher reliaient entre elles les pièces à haut plafond, et de vieilles boiseries couvraient les murs.

L'île Saint-Louis a encore quelques-unes de de ces anciennes demeures.

On y trouve pour douze cents francs des

appartements qui valent ailleurs deux mille écus.

Malgré les magnifiques transformations qui ont depuis quelques années assaini Paris, tandis que l'on perce des rues aussi larges que des voies romaines et que la capitale recule indéfiniment ses barrières, la pauvre petite île, encaissée dans son enceinte liquide, conserve quelques-unes des ruelles de son passé et ses vieilles maisons possédées par des propriétaires qui ont l'air aussi vieux qu'elles.

Callebrand habitait donc pour la modique somme de six cents francs un appartement fort convenable au premier étage, avec vue sur les quais.

Il vivait seul avec sa fille et une vieille servante qui avait été sa nourrice et dont l'âge ne se calculait plus — robuste Alsacienne, en dépit de la neige qui couvrait sa tête, et qui en eût remontré encore, pour la vaillance de ses services et la fidélité, à tous les domestiques du quartier.

Marthe, sa jeune fille, était blonde.

Avez-vous vu les madones de Raphaël peintes d'après la Fornarina?

Ou plutôt, vous représentez-vous Ève, avant la pomme, lorsqu'elle courait pieds nus sur les tapis d'herbe aux mille fleurs du paradis terrestre ?

Marthe avait dix-sept ans, un sourire qui rayonnait comme le soleil levant après la pluie, des joues rosées, des yeux d'un bleu sombre qui rappelait ce double azur de la mer et du ciel sur les plages napolitaines.

Vive et rieuse presque toujours, elle avait cependant ses heures de mélancolie profonde.

On eût dit trop souvent la Mignon de Gœthe, regrettant sa patrie.

Marthe adorait son père et ne vivait que pour lui.

Mais ne rêvait-elle pas, à côté de cette affection sainte, quelque chaste et pur amour ?

A dix-sept ans, que ne rêve pas une jeune fille !

Pourtant, elle sortait rarement.

Rarement les bonnes gens de ce quartier, qui ressemble si fort à une ville de province, la voyaient passer accompagnée par la vieille Gretchen, qui la menait à la messe.

Tout le monde la saluait, et elle ne connaissait personne.

Occupée de travaux d'aiguille une partie du jour, elle dirigeait la maison avec une intelligente économie.

Callebrand lui rendait au centuple l'affection qu'elle lui donnait. Elle, toujours elle. Son bonheur était le but unique de son travail.

Jamais adoration ne fut poussée aussi loin. C'était du fanatisme.

Pour elle il avait rêvé la fortune et la gloire.

L'homme qu'elle devait épouser ne serait jamais assez accompli.

Et Marthe soupirait quelquefois, quand son père se laissait aller à ses rêves d'ambition et de richesse.

Quelquefois elle jetait un long regard au delà du fleuve qui roulait son large flot jaune, entre l'île Saint-Louis et la grande ville, comme si là-bas, de l'autre côté de l'eau, la réalité du rêve du père eût été entrevue par elle. Les yeux de jeune fille ont une double vue.

Callebrand avait gardé pour lui seul tous les soucis de la vie.

Marthe n'en connaissait ou plutôt n'en devait, selon lui, connaître que les joies.

Il savait lui cacher les besoins d'argent impérieux, les déboires, les espérances qui attendent l'artiste et le savant à chaque pas qu'il fait vers son idéal.

Un jour qu'il lui disait :

— Je poursuis une découverte qui bouleversera la science, me donnera des millions et me permettra de te chercher un prince pour époux.

Marthe répondit :

— Cher père, trouvez-moi simplement un honnête homme qui sache m'aimer !

Et, à ces mots, le vieux savant dit tout à coup :

— Je sais un garçon laborieux et modeste qui peut-être te rendrait heureuse.

Marthe ne répondit pas.

Callebrand se crut encouragé par ce silence et poursuivit :

— Tony serait peut-être un bon mari.

Mais, à ce nom, Marthe devint rouge comme une cerise et s'exclama :

— Ah ! mon père ! que dites-vous ?

— Je sais bien, reprit-il un peu déconcerté, que c'est un pauvre enfant trouvé...

— Oh ! ce n'est pas pour cela qu'il me déplaît, dit-elle.

Et elle eut dans toute sa personne quelque chose d'une colombe effarouchée par le cri de mort d'un épervier.

— Mon père, dit-elle, Tony que vous aimez, que vous appelez votre enfant...

— Eh bien ?

— Tony n'est pas fait pour être mon mari...
— Mais pourquoi?
— Je ne sais... Mais, père, je vous en supplie, ne parlons plus de cela... J'ai bien le temps d'attendre pour me marier.

Un grand silence se fit...

Marthe n'avait pas voulu s'expliquer davantage, et jamais plus Callebrand n'avait reparlé de Tony.

Pourtant, ce matin-là, comme il sortait à cinq heures, apres cette terrible nuit d'orage, pour retourner à son laboratoire, la porte de la chambre de Marthe s'ouvrit, et la jeune fille, enveloppée à la hâte dans un long peignoir, vint se jeter au cou de son père :

— N'oublie pas que c'est ma fête aujourd'hui, dit-elle, et apporte-moi un bon gros bouquet.

— Oui, dit Callebrand, et nous aurons un petit dîner bien exquis comme sait en faire notre vieille Gretchen les jours de fêtes carillonnées.

— Oui, petit père.

Puis elle ajouta :

— Invite Tony, si tu veux.

Marthe savait qu'en parlant ainsi elle causait une grande joie à son père.

Et Callebrand s'en était allé radieux.

Toute la journée, après que Tony lui eut rapporté les quinze cents francs avancés par MM. Baül et Tompson, Callebrand avait couru Paris.

Il avait payé diverses dettes et acheté plusieurs produits chimiques d'un prix assez élevé dont il avait besoin pour continuer ses expériences, en même temps que plusieurs saumons de cuivre et trois ou quatre gueuses de fonte.

Il voulait obtenir avec le fer et le cuivre le même résultat qu'avec le platine.

Il était près de six heures lorsqu'il rentra harassé.

Marthe était seule encore.

Tony n'avait point paru.

Callebrand était armé d'un énorme bouquet acheté sur le quai aux fleurs.

Marthe lui sauta au cou, toute rayonnante de joie; mais la sonnette de la porte d'entrée se fit entendre en ce moment, et le sourire de la jeune fille s'effaça subitement.

Pourquoi?

Gertrude venait d'ouvrir à Tony, qui, lui aussi, apportait un bouquet et balbutia un maladroit compliment. Chez les bonnes gens le cœur fait bien dire les plus petites choses.

Marthe prit le bouquet, remercia du bout des dents et baissa les yeux.

Puis elle murmura tout bas :

— C'est plus fort que moi, je ne peux pas surmonter l'aversion qu'il m'inspire.

— Allons! mes enfants, dit Callebrand après avoir rangé dans son laboratoire ses nouvelles emplettes, à table, et que ce jour soit un vrai jour de fête.

— Tu es donc bien joyeux, cher père? dit Marthe.

— Oui, mon enfant, dit l'artiste, car, Dieu aidant, je crois avoir trouvé ce que je cherchais depuis si longtemps.

— Vrai?

— Et bientôt, acheva-t-il, il ne tiendra qu'à toi d'être princesse si bon te semble.

Un méchant sourire de doute glissa sur les lèvres minces et blêmes de Tony, comme le maître disait cela.

Marthe surprit ce sourire, — et elle frissonna jusque dans la moelle des os comme si un vent glacé l'eût pénétrée.

CHAPITRE VIII

Callebrand ne remarqua ni le sourire infernal de Tony, ni l'effroi subit qui s'empara de sa fille.

Tout entier à cette joie suprême de l'homme qui a longtemps erré, longtemps tâtonné et se trouve tout à coup face à face du but qu'il désespérait enfin d'atteindre, le chimiste se mit à parler de son invention, laquelle, disait-il, devait révolutionner le monde savant.

Et Tony l'écoutait attentivement et ne s'apercevait pas lui-même que Marthe l'observait avec ténacité. Callebrand développa de nouveau son système, mais il ne souffla mot de cet agent mystérieux qu'il employait pour rendre les métaux malléables.

En vain Tony lui fit-il des questions perfides.

Callebrand se bornait à répondre :

— A ma mort, on connaîtra mon procédé ; pas avant.

Et Tony avait une fois encore entre les lèvres ce sourire qui épouvantait Marthe.

Le repas fut gai, néanmoins, grâce à la joie de Callebrand, à la bonne humeur que Tony s'efforçait de montrer.

Marthe elle-même dissimulait de son mieux la vague inquiétude qui s'était emparée d'elle.

Vers dix heures, Callebrand se leva de table, ouvrit la fenêtre et se mit à fumer.

Tony alors demeura presque seul avec Marthe, car lorsque Callebrand fumait, il était comme isolé du reste du monde.

Son âme s'envolait au pays des rêves sur la fumée de la pipe.

Tony osa dire à Marthe :

— Réjouissez-vous, mademoiselle, car rien n'est plus certain que ce qu'a dit le maître.

— Et qu'a-t-il donc dit ? fit-elle avec indifférence.

— Mais, reprit Tony avec une pointe d'amertume, que bientôt vous seriez assez riche pour épouser un prince si bon vous semblait.

— Je ne songe pas à me marier, dit sèchement la jeune fille.

Et elle parut, elle aussi, vouloir se recueillir comme son père, et elle n'ajouta pas un mot.

Mais Tony ne se tint pas pour battu :

— Mademoiselle Marthe, dit-il tout bas, mais d'un ton ferme et résolu, vous me haïssez donc bien ?

A ces mots elle tressaillit et le regarda avec un mélange de dédain et d'effroi.

— Qui vous a dit que je vous détestais ? fit-elle.

— Mais... je le vois bien...

— Vous vous trompez... je ne déteste personne...

— Vraiment? fit-il avec ironie, pas plus que vous n'aimez personne?

— J'aime mon père, dit-elle.

— Rien que... votre père ?...

Et Tony riait d'un mauvais rire.

Marthe devint toute pâle.

— Monsieur Tony, dit-elle, cette conversation m'est pénible.

Et elle se leva de table et se mit à ranger différentes pièces de la vaisselle qui était sur la table, sur les étagères d'un dressoir.

Tony était tenace.

D'ailleurs, ce soir-là, il avait plus d'audace encore que de coutume.

— Oh! dit-il, il faudra bien que je sache pourquoi vous me haïssez.

Marthe ne répondit pas.

— Vous me haïssez et me méprisez, dit-il encore.

Elle gardait toujours le silence.

— Je suis pourtant l'esclave, le serviteur dévoué, le chien fidèle de votre père.

A ces derniers mots, elle le regarda de nouveau.

— Vous? fit-elle.

Et cette exclamation fut si pleine de doute, si ironique et si dédaigneuse tout à la fois que Tony se dit :

— Je ne la convaincrai jamais. C'est peine perdue.

Marthe continuait à ôter la table.

Tony se leva et fit un pas vers elle.

— Mademoiselle, dit-il, vous me jugez mal. Dieu vous pardonne!

La jeune fille demeura impassible.

En ce moment, Callebrand se retourna.

— Vous êtes bien silencieux, mes enfants, dit-il.

— Mais non, mon père, répondit Marthe;

M. Tony me disait qu'il était un peu las, car il s'est couché fort tard la nuit dernière.

— C'est vrai, dit Callebrand.

— Et il me demandait la permission de se retirer.

Elle ajouta ces mots d'un ton si sec que Tony ne pouvait la contredire.

— Va, mon enfant, dit Callebrand.

Tony avait déjà son chapeau à la main.

— Adieu, maître, dit-il, à demain. Bonsoir, mademoiselle...

— Bonsoir, monsieur Tony.

Le maître tendit la main à l'élève.

L'élève eut l'audace de prendre la petite main de Marthe et de la porter à ses lèvres.

Marthe tressaillit et se fit une violence extrême pour ne pas jeter un cri.

Le contact des lèvres de Tony lui avait fait éprouver une sensation de froid pareille à celle qu'elle eût ressentie si elle avait touché un reptile.

Et, en s'en allant, Tony lui jeta un regard indéfinissable, un regard de haine qui la bouleversa.

Les pas du jeune homme avaient cessé de retentir dans l'escalier, le bruit de la porte cochère se refermant sur lui était monté jusqu'à elle, que Marthe était encore là, pâle, tremblante, muette.

Callebrand s'aperçut de cette émotion.

— Mais qu'as-tu donc ? lui dit-il.

Alors elle lui prit vivement la main.

— Mon père, dit-elle, mon père !...

Et sa voix tremblait.

— Mon père... j'ai peur !...

— Peur ?

— Oui, mon père.

— Et de qui ?

— De Tony.

— Tu es folle !

— Mon père, dit-elle encore, méfiez-vous de Tony.... C'est un traître !

Callebrand haussa les épaules.

Néanmoins, il demeura pensif le reste de la soirée, mais depuis longtemps déjà il s'était mis au lit, et avait entendu Marthe fermer la porte de sa chambre, que les étranges paroles de sa fille retentissaient encore à son oreille.

Cette nuit-là Callebrand essaya vainement de dormir.

Il croyait toujours entendre Marthe lui dire :

— Tony est un traître !

Et comme il se retournait en vain sur son lit, appelant à lui le sommeil rebelle, non plus un bruit imaginaire, mais un bruit réel arriva jusqu'à lui.

C'était la voix de sa fille.

Marthe parlait tout haut dans sa chambre, après avoir jeté un cri d'effroi.

Callebrand se leva tout ému et alla jusqu'à la porte de Marthe.

Il regarda par le trou de la serrure : la chambre était plongée dans les ténèbres.

Pourtant Marthe parlait...

Et sa voix était entrecoupée et passait sans transition de l'indignation à la prière, et de l'épouvante à la colère.

Marthe rêvait tout haut...

Callebrand appuya son oreille contre la porte et écouta.

CHAPITRE IX

Cependant Tony s'en allait, la rage au cœur, en dépit de la joie qu'il éprouvait de sa trahison prochaine.

Le dédain que lui témoignait Marthe Callebrand l'exaspérait.

— Ah! tu me hais! murmurait-il; ah! tu as de l'aversion pour moi!... Je serai vengé!

Et il marchait d'un pas inégal et brusque à travers les rues solitaires, sous la pluie qui commençait à tomber.

Le mois de juin était pluvieux cette année-là.

Il y avait des orages presque chaque nuit.

Cependant ce n'était pas la pluie qui pressait la marche de Tony ; car, lorsqu'il fut arrivé à la porte de cette vieille maison de la rue des Deux-Ponts, dans laquelle se trouvait le laboratoire de maître Callebrand, il rebroussa chemin, retirant le passe-partout qu'il avait déjà mis dans la serrure.

Puis, parcourant en sens inverse le chemin qu'il avait déjà fait, il revint sur le quai du Nord et s'embusqua à vingt pas de la maison de maître Callebrand.

L'œil fixé sur les croisées encore éclairées, il attendit.

Callebrand souffla sa bougie le premier ; puis, un quart d'heure après, Marthe éteignit la sienne.

— Ils dorment, pensa Tony.

Et il reprit le chemin du laboratoire.

Cette fois, il n'hésita plus et rentra.

La vaste pièce était plongée dans les ténèbres.

Tony se dit que personne ne viendrait le déranger à cette heure.

Minuit sonnait; il avait trois heures devant lui.

Il ralluma le fourneau et replaça dessus le creuset dans lequel il avait, le matin, jeté le morceau de platine.

Le métal commença, au bout de quelques minutes, à bouillonner.

Tandis que Tony attisait le feu, une voix s'éleva sous la fenêtre du laboratoire, chantant :

> La farira dondaine, don
> La farira dondaine...
> Dansez, fillettes et garçons,
> Au son de la faridondon !

— Ah ! ah ! murmura Tony, je crois bien que MM. Baül et Tompson ont réfléchi.

Et, courant brusquement à la fenêtre, il se pencha au dehors et répondit :

> Sur la montagne et dans la plaine,
> Tandis qu'on rentre les moissons,
> Et que de grain la grange est pleine,
> On entend filles et garçons
> Chanter la faridondaine !

Et quand il eut chanté, deux ombres, immobiles jusque-là contre le parapet du quai, s'en détachèrent et vinrent se placer sous la fenêtre.

Bien que la nuit fût épaisse, Tony reconnut la longue et roide silhouette de M. Baül et le volumineux abdomen de M. Tompson.

Alors, se penchant plus encore :

— Il est inutile de vous déranger plus longtemps, dit-il, si vous n'apportez ce que je vous ai demandé.

— Nous l'apportons, répondit Baül.

— C'est bien. Je descends.

Et il disparut de la fenêtre, qu'il referma.

Les deux associés entrèrent alors dans la rue des Deux-Ponts et vinrent attendre à la porte.

Peu après cette porte s'ouvrit et Tony leur dit à mi-voix :

— Venez !

Ils pénétrèrent dans un grand vestibule plongé dans une obscurité complète.

Tony prit M. Tompson par la main et lui dit tout bas :

— Marchez sur la pointe des pieds, il ne faut pas éveiller le concierge; là, prenez la rampe.

— J'y suis, dit M. Tompson.

— Moi aussi, dit Baül qui avait saisi le pan de la redingote de son associé en guise de fil conducteur.

Ils montèrent sans bruit jusqu'au premier étage. Mais on le sait, le laboratoire se composait de deux pièces : l'une qui était le laboratoire proprement dit, le récipient des instruments de physique, de chimie, de fioles et de cornues de toutes sortes; l'autre, qui précédait celle-là, et qui était une manière de petit salon, dans lequel Callebrand recevait tous ceux qui avaient affaire à lui.

Tony seul pénétrait dans le laboratoire.

Ce fut dans cette première pièce qu'il s'arrêta.

— Un moment, messieurs, dit-il, nous avons à causer.

Il alluma une bougie qu'il plaça sur la cheminée, puis il offrit des siéges aux deux associés quelque peu déconcertés.

Mais Tony impassible leur dit :

— Avez-vous rédigé l'acte de société ?

— Le voilà, dit Baül.

— Il n'y manque que nos signatures, ajouta l'excellent M. Tompson.

Tony prit le papier timbré qu'on lui tendait, s'approcha de la bougie et le lut.

— Nous avons forcément laissé en blanc le nom de l'invention que nous devons exploiter en commun.

— Je l'ajouterai quand vous aurez signé, dit froidement Tony.

Il posa la bougie sur une table où il y avait de quoi écrire.

Puis il tendit la plume à Baül.

Baül signa et passa la plume à Tompson qui en fit autant.

Alors Tony prit la plume à son tour et écrivit dans la ligne demeurée en blanc :

Malléabilité des métaux à froid.

Baül et Thomson, qui lisaient par-dessus son épaule, étouffèrent une exclamation de surprise.

Baül s'écria ensuite :

— Cela est-il donc possible ?

— Vous allez le voir, dit Tony.

Et il apposa sa signature au bas de l'acte de société qu'il plia et mit dans sa poche.

Après quoi, il souffla la bougie.

— Que faites-vous ? demanda Tompson.

— Vous allez voir.

Et il ouvrit la porte du laboratoire, dans lequel la lueur du fourneau projetait une clarté presque fantastique.

Le morceau de métal fondu crépitait toujours dans le creuset.

Tout à coup une flamme bleue courut au-dessus de la chaudière.

Et cette flamme éclaira le *Chemin de croix*...

Et, une fois encore, Tony, ébloui et fasciné, se prit à contempler la figure sarcastique de Judas l'apôtre !...

CHAPITRE X

M. Baïl et M. Tompson regardaient cette flamme bleue avec un étonnement profond. Ils ne prêtaient, en revanche, aucune attention à ces merveilleux émaux qui représentaient la Passion.

Tony, au contraire, les yeux fixés sur le personnage de Judas, le considérait avec une sorte d'épouvante.

La flamme bleue avait mis des reflets livides sur le visage de l'apôtre infâme.

Judas semblait regarder Tony, et sa bouche sarcastique paraissait lui dire :

— Tu es de ma tribu, tu es le fils de ma race ! tu seras un traître.

— Mais qu'est-ce qu'il y a donc dans ce creuset ? demanda Tompson.

Tony ne répondit pas.

M. Baül s'approcha, mais la flamme bleue lui brûla les yeux et il fit un pas en arrière.

Tony regardait toujours l'apôtre.

Et alors, un nouveau phénomène se produisit — phénomène étrange et semblable à celui de la nuit précédente.

Le jeune homme se laissa tomber sur un siége, ne pouvant détacher son regard du *Chemin de croix*.

Le *Chemin de croix* semblait avoir concentré tous les rayons de cette flamme qui voltigeait au-dessus du creuset.

Tony oublia M. Baül et M. Tompson, et l'acte de société pour l'exploitation de la malléabilité des métaux, et Marthe qu'il haïssait, et Callebrand dont il était jaloux.

Le rêve recommença pour lui.

Ses yeux se fermèrent, et dans cette vie du songe qui le reprit il se vit de nouveau sous les habits du traître Judas.

Il était dans le jardin des Oliviers, parmi les autres apôtres.

Tous dormaient, en dépit de la recommandation du maître, qui leur avait dit :

— Veillez et priez, afin que vous ne tombiez point dans la tentation.

Et le maître, à quelques pas de là, veillait et priait.

Donc les apôtres dormaient, et Judas seul — car Tony, dans son rêve, était bien redevenu Judas, — Judas seul feignait de dormir.

Anxieux, l'oreille au guet, il semblait attendre quelque grand événement.

Et tout à coup des soldats et des hommes du peuple armés entrèrent dans le jardin des Oliviers.

Puis ils s'approchèrent sans bruit des apôtres.

Mais les apôtres s'éveillèrent et le maître alors, cessant de prier, les rejoignit en leur disant :

— Dormez, maintenant, et vous reposez, voici l'heure de la trahison qui est proche !

Et comme il disait cela, Judas se leva et l'embrassa.

Tout aussitôt les soldats et les gens du peuple armés se jetèrent sur le maître et se saisirent de lui

. . . .

Et le rêve continuant, Tony-Judas se vit escortant les soldats qui emmenaient son maître, tandis que lui-même était escorté par malédictions du peuple.

Il se vit marchant tête baissée dans les rues de Jérusalem jusqu'à la maison du grand prêtre, où l'on conduisait son maître captif.

Mais quand la porte de cette maison se fut ouverte devant le maître, Judas et Pierre demeurèrent au dehors.

Pierre accablait le traître de reproches.

Le traître écoutait impassible.

Pierre disait :

— Tu as vendu notre maître pour trente deniers, misérable! mais ta trahison pèsera sur le monde éternellement. Les générations passeront, les siècles succéderont aux siècles, et l'on dira toujours : L'homme le plus infâme se nommait Judas Iscariote!

Et Judas répondait en ricanant :

— J'accepte ta prophétie. Oui, je suis Judas, l'infâme et le traître, mais l'immortalité est acquise à mon nom, mais ma race sera féconde et maudite, car le sentiment auquel j'ai obéi pour consommer ma trahison est un sentiment humain entre tous.

Je n'ai pas vendu le maître par cupidité; ce n'est point l'appât d'une misérable somme qui m'a tenté...

Non, j'ai vendu le maître, parce que le peuple chantait ses louanges, parce qu'on le saluait du nom de roi, parce que son front rayonnait d'une divine auréole et que sa parole ouvrait tous les cœurs...

Je l'ai vendu, parce que j'étais jaloux !...

L'envie est la reine du monde !

Et comme Pierre allait répondre à ces paroles impies, une servante qui se trouvait dans la cour de la maison s'approcha de l'apôtre et lui dit :

— N'étiez-vous pas de la suite de cet homme qu'ils appellent le *maitre?*

Et comme il y avait beaucoup de monde autour de la servante, Pierre fut pris de peur et répondit :

— En vérité, je ne le connais pas.

Et il s'en alla.

Comme il franchissait le seuil de la cour, une autre servante s'écria :

— Celui-là aussi était de la suite du maitre.

Et l'apôtre Pierre dit encore :

— Non, je ne le connais pas !

Alors il fut entouré par une foule de monde qui lui dit :

— Mais si, vous êtes de sa suite !

Et Pierre, dominé par la peur, nia encore.

Alors Judas, qui l'avait suivi, lui dit en ricanant :

— Tu vois bien, le maître avait raison quand il te disait que tu le renierais trois fois avant que le coq n'ait chanté. Qui donc est le plus misérable de toi ou de moi?

Et comme il disait cela, le coq chanta.

....

Et Tony s'éveilla, car c'était le coq du coucou placé dans le laboratoire qui annonçait une heure du matin.

La flamme bleue s'était éteinte, laissant après elle une forte odeur de soufre.

Le laboratoire était retombé dans les ténèbres et le silence le plus profond y régnait.

Qu'étaient donc devenus MM. Tompson et Baül?

Tony, qui avait retrouvé sa présence d'esprit, courut au fourneau, y prit un charbon ardent au bout d'une pince, souffla dessus et ralluma une bougie.

Alors quel ne fut pas son étonnement en apercevant ses futurs associés couchés sur un vaste divan placé entre les deux croisées et parfaitement endormis!

— Voilà qui est bizarre! murmura-t-il.

Et il allait les éveiller lorsque les rayonnements de la bougie éclairèrent de nouveau le *Chemin de croix.*

Et, de nouveau, les yeux de Tony furent fascinés par cet émail qui représentait la trahison de Judas.

Et le rêve recommença pour Tony qui, une fois encore, fut incarné dans la personne de l'apôtre infâme. Judas voyait Pierre qui pleurait amèrement de repentir d'avoir renié son maître.

Judas, à la porte de la maison des prêtres, vit sortir celui qu'il avait trahi et que les prêtres avaient condamné à mourir.

Et Judas eut un moment de repentir et il prit la fuite.

Il courait de nouveau, hagard et sombre, par les rues de Jérusalem, poursuivi par une voix impérieuse qui lui disait :

— Tu as vendu ton maître! tu seras infâme à travers les siècles!

Et, à force de courir, Judas se retrouva devant la maison du grand prêtre.

Et, cette fois, il y entra et jetant l'argent qu'il avait reçu sur une table, il s'écria :

— Reprenez votre argent!

Le grand prêtre le refusa.

Judas reprit l'argent, sortit affolé et alla répandre les trente deniers dans le temple.

Puis il sortit et alla se pendre !...

Et, en ce moment, Tony s'éveilla encore et murmura, faisant allusion à Judas :

— Le fou !

Et comme M. Tompson et M. Baül dormaient toujours, il les secoua pour les éveiller.

CHAPITRE XI

M. Tompson fut le premier qui s'éveilla.

Il se frotta les yeux, étira ses bras et murmura :

— Mais, où suis-je donc?

M. Baül, qui était doctoral, même dans le sommeil, dit gravement :

— Rien n'est malsain comme de dormir tout habillé.

Tony qui était un esprit fort éclata de rire :

— Messieurs, dit-il, n'oubliez pas que nous avons signé un acte de societé.

Ces mots firent faire un véritable soubresaut à Baül et Tompson.

Tous deux se levèrent.

— C'est juste, dit Tompson... L'acte de société.., je n'y pensais plus... Mais où sommes nous donc?

— Regardez plutôt.

Et Tony, prenant complaisamment le flambeau, éclaira tour à tour les diverses parties du laboratoire.

— Il y a une chose que je ne comprends pas, dit Tompson.

— Ni moi, fit Baül.

— Nous avons dormi...

— Et ronflé même, fit Tony en riant.

— Je ne me souviens de rien...

— Ni moi.

— Rassemblez vos souvenirs, dit l'élève de maître Callebrand.

— Oh! dit Tompson, c'est que j'ai fait un rêve...

— Bah!

— Et moi donc! murmura Baül.

— Vraiment? ricana Tony, vous avez rêvé?

— Un singulier rêve! dit Tompson.

— Un rêve étrange! exclama Baül.

— Mais encore? demanda Tony d'un ton railleur.

— Eh bien! dit Tompson, il faut vous dire que je suis protestant de religion.

— Ah !

— Et que je lis souvent la Bible.

— Après ? fit Tony.

— Je me suis endormi. Quand et pourquoi ? je n'en sais rien, mais enfin, je me suis endormi ; et, en dormant, je me suis trouvé transporté à Jérusalem.

Mais, chose bizarre ! au lieu d'être vêtu comme je suis, j'avais une cuirasse au dos, un casque sur la tête et une hallebarde dans les mains.

J'étais entouré de beaucoup de soldats vêtus et équipés comme moi.

— J'y étais, interrompit vivement Baül.

— Vous ? dit Tompson.

— Moi, fit Baül avec conviction.

Tompson continua :

— Nous escortions un condamné qu'on allait crucifier, et que le peuple appelait le roi des Juifs.

Tony, frappé de ce rapprochement, s'écria :

— C'est-à-dire que vous étiez au nombre de ceux qui escortaient le Christ !

— Justement.

Baül dit :

— Je sais le reste. Nous assistâmes au crucifiement : en même temps que l'homme-Dieu on avait attaché sur la croix deux larrons.

L'homme-Dieu mourut le dernier. La nuit vint. Alors le ciel se couvrit de ténèbres et le tonnerre gronda dans le lointain.

Que se passa-t-il ensuite? Je ne le sais pas, mais on nous avait commandé de veiller, et nous nous endormîmes.

— Et voilà que vous vous réveillez? dit Tony.

— En effet...

— Et au lieu de vous éveiller au pied de la croix, vous vous retrouvez dans le laboratoire de maître Callebrand, après avoir signé avec moi un petit acte de société.

Ces derniers mots achevèrent de rappeler Baül et Tompson sur la terre.

M. Baül dit encore :

— Pourquoi donc nous sommes-nous endormis?

— Parce que le creuset que vous voyez renfermait des matières soporifiques.

— Soit, dit Baül, mais pourquoi ce rêve?

— Ah! dit Tony, personne au monde, depuis Moïse, n'a cherché à expliquer les songes, et les chimistes moins que personne.

— Et puis, dit Tompson, nous avons fait un acte de société?

— Sans doute.

— Mais dans quel but?

— Pour exploiter la malléabilité des métaux.

— Je ne comprends pas, dit Baül.

— Moi, pas davantage, murmura Tompson.

Tony, triomphant, se dirigea vers le creuset, en enleva le couvercle, et, approchant le flambeau, leur dit :

— Regardez!

Un métal brillant, en tout semblable à celui que Callebrand avait découvert la veille, se tordait dans les convulsions de la fusion.

— Regardez bien, dit encore Tony.

Et il prit avec une pince le métal bizarre qui se suspendit autour du fer en grappes fantastiques, puis il le jeta dans un bassin d'eau froide.

L'eau siffla au contact du métal rutilant, dégagea une colonne de fumée, mais se refroidit peu à peu.

Alors Tony plongea sa main dans le baquet et en retira le morceau de platine.

Il était complétement froid.

— Touchez ! dit-il à Tompson.

Celui-ci le prit et le tendit à Baül qui dit :

— Ce n'est pas du métal, c'est de l'argile.

— Oh! vraiment? ricana Tony.

Il lui reprit le morceau de platine des mains, le pétrit dans ses doigts, puis l'allongea, l'amincit et en fit une sorte de tablette.

Après quoi, le plaçant devant lui, il prit un poinçon sur la table et se mit à écrire dessus.

Il traça ces mots :

Entre les sieurs Baül, Tompson, Tony et C°, il a été convenu ce qui suit....

Et comme ces deux messieurs lisaient par-dessus son épaule, il se mit à rire et leur dit :

— Voulez-vous que je vous fasse une statuette?

Et la planche de métal redevint une pelote, et la pelote s'allongea de nouveau sous les doigts de Tony, se replia, s'allongea encore et de transformation en transformation devint un grotesque bonhomme qui ressemblait à la figurine délicatement modelée par Callebrand, comme la madone en plâtre que vendent les Piémontais ambulants ressemblent à un chef-d'œuvre de Benvenuto.

— Après? dit Baül.

— Et puis? fit Tompson, vivement intéressé.

Tony avait versé dans une aiguière le contenu de la liqueur violette qu'il avait volée dans la journée.

— Je vais tremper ma statuette dans ce liquide, dit-il, et, dans deux minutes, elle aura acquis la dureté du diamant.

Baül s'écria :

— Si vous avez trouvé cela, nous remuerons des millions à la pelle.

— Je l'ai trouvé, dit Tony.

Puis, se reprenant avec un mauvais sourire :

— Ou plutôt, non, ce n'est pas moi, c'est Callebrand.

Et il trempa la statuette dans le liquide mystérieux.

CHAPITRE XII

Revenons à Callebrand, qui, entendant parler tout haut dans la chambre de sa fille, s'était levé et était allé, pieds nus, coller son oreille contre la porte.

La chambre de Marthe était sans lumière.

Cependant Marthe parlait tout haut.

Callebrand écouta :

— Mon père, disait Marthe d'un ton solennel, je vous l'affirme sur les cendres de ma pauvre mère, vous avez réchauffé un serpent dans votre sein, vous avez élevé un traître dans votre maison.

Callebrand tressaillit. C'était la seconde fois que Marthe parlait vaguement de trahison.

La jeune fille qui rêvait sans doute, — du moins Callebrand le crut, — continua :

— Vous avez trouvé un secret, — un grand secret, dont la divulgation sera votre fortune et mettra le sceau à votre réputation, dites-vous ?

Eh bien ! prenez garde, mon père, car vous ne profiterez peut-être pas de votre découverte... le traître veille dans l'ombre... prenez garde !...

Callebrand écoutait, la sueur au front.

Marthe se tut un moment.

On eût dit qu'elle prêtait l'oreille à quelque mystérieux interlocuteur dont la voix était perceptible pour elle seule.

Callebrand, étreint par l'angoisse, ouvrit doucement la porte de la chambre et entra.

— Marthe ? dit-il tout bas.

Marthe ne l'entendit point, Marthe ne répondit pas.

Néanmoins elle reprit tout haut :

— Vous avez tort, mon père, de vous fier à ce misérable ; tort, je vous jure, car il vous trahira... car il vendra votre secret...

— Marthe ? répéta Callebrand qui avait le front baigné de sueur.

Mais Marthe ne répondit point à son père.

De nouveau elle paraissait écouter une voix intérieure.

Alors un soupçon traversa l'esprit de Callebrand.

Soupçon rapide, étrange, lumineux.

Il s'approcha de la cheminée en tâtonnant, y chercha des allumettes et en frotta une sur le parquet.

Marthe ne poussa ni un cri, ni une exclamation.

Plongée sans doute dans un monde imaginaire, la jeune fille ne vit point son père qui venait d'allumer une bougie.

Callebrand se tourna vers le lit et regarda :

Marthe était sur son séant, les yeux ouverts et d'une fixité effrayante.

Et s'étant approché d'elle avec la bougie, le chimiste reconnut chez sa fille tous les symptômes du sommeil magnétique.

Marthe avait un accès de somnambulisme.

Elle ne vit pas son père, réellement ; mais sans doute elle le voyait dans son sommeil, car elle continuait à lui parler.

Et Callebrand lui posa la main sur le front et lui dit :

— Parle, je le veux.

Alors la jeune fille se prit à frissonner de

tous ses membres, obéissant à cette singulière puissance que le magnétiseur exerce sur le magnétisé.

— Parle! répéta Callebrand, que vois-tu?

— Je vois le laboratoire, dit-elle.

Callebrand tressaillit de nouveau.

— Après?

— Il y a un homme dedans... c'est Tony... il est sans lumière...

— Seul?

— Oui... mais *ils* viennent.

— Qui donc?

— Les autres... j'entends leurs pas dans la rue... Ah!... ils s'arrêtent vers la fenêtre...

— Après? après? fit Callebrand dont le front était inondé de sueur.

— Tony va leur ouvrir... ils entrent... Je vois une flamme bleue...

A ces derniers mots, Callebrand jeta un cri terrible, abandonna sa fille et se précipita hors de la chambre.

....

Et pendant ce temps, M. Baül et M. Tompson, peu soucieux de la pluie qui fouettait les vitres et du vent qui sifflait dans les cheminées, suivaient attentivement l'opération annoncée par Tony.

La statuette grossière était dans le bain mystérieux depuis dix minutes.

— Oui, dit Tony, vous allez voir. Elle sortira de là dure comme du diamant.

— C'est merveilleux! disait Tompson.

Baül secouait la tête :

— Incroyable! murmura-t-il.

Enfin Tony plongea la main dans le vase et prit la statuette.

Mais, ô miracle! le platine continuait à être encore sous ses doigts comme de l'argile.

Le traître pâlit :

— N'ai-je donc pas attendu assez longtemps ? dit-il.

Et il replongea le métal dans la solution.

Dix minutes, un quart d'heure s'écoulèrent.

Tony allongea plusieurs fois sa main vers l'aiguière et n'osa saisir la statuette.

Un sourire d'incrédulité glissait sur les lèvres minces de M. Baül.

Tompson, au contraire, paraissait en proie à une vive anxiété.

Enfin, Tony fit un violent effort sur lui-même.

De nouveau, il plongea la main dans le bain et en retira la statuette.

Mais la solution mystérieuse était demeurée

sans vertu... Le plateau était toujours malléable comme de la mie de pain.

Alors, les cheveux hérissés, hors de lui, vomissant un affreux blasphème, Tony courut au bahut dont Callebrand avait ôté la clef, et, d'un coup de pied, il en brisa la porte.

L'énorme morceau de platine était sur une étagère; auprès se trouvait l'aiguière pleine de cette solution dont Tony avait volé un demi-verre.

Et il y plongea sa statuette, en disant :

— Vous verrez, cette fois.

Et il attendit, la sueur au front, la gorge crispée.

Mais le platine ne retrouva point dans ce nouveau bain sa solidité attendue...

La statuette ne durcit pas plus dans la grande aiguière que dans la petite.

Et comme Tony se retournait pâle et frémissant de rage vers ceux qu'il considérait déjà comme ses associés, la porte du laboratoire s'ouvrit et un homme entra comme un ouragan.

— Misérable! dit-il.

C'était Callebrand.

Et comme MM. Baül et Tompson reculaient stupéfaits, le maître courut au bahut et brisa deux fioles qui se trouvaient dans un coin en les jetant sur le parquet.

En même temps il renversa l'aiguière dont le contenu s'étala sur le parquet.

Et Tony, livide de rage, put voir alors deux fils de laiton qui correspondaient entre le bahut et la table sur laquelle, la nuit précédente, il avait posé l'aiguière emplie de la mystérieuse solution.

Et Callebrand se mit alors à rire d'un rire hébété, en regardant ces trois hommes qui avaient voulu lui voler le fruit de ses veilles...

Et il riait bruyamment et d'un air égaré en disant :

— Vous ne trouverez pas !... vous ne trouverez pas !

Et tout en riant, il piétinait les deux fioles brisées auxquelles adhérait encore le fil de laiton conducteur du galvanisme.

Et le plancher poreux achevait pendant ce temps de boire les dernières gouttes de la mystérieuse solution....

Et Callebrand riait toujours...

LE MAITRE ÉTAIT DEVENU FOU !

FIN DU PROLOGUE.

PREMIÈRE PARTIE

UN CONTE DES MILLE ET UNE NUITS

CHAPITRE Ier

Paris a ses solitudes comme il a ses mystères.

Tout auprès du géant qui veille nuit et jour, à côté de cette grande ville dont la respiration bruyante se fait entendre à plusieurs lieues à la ronde, il est des sentiers déserts, des rues sans réverbères, des terrains vagues où l'herbe pousse verte et drue au printemps, où la neige séjourne en hiver, dans lesquels une chèvre broute le jour et où des vagabonds trouvent un refuge la nuit.

Au sud comme au nord de la Babylone moderne, il est de mystérieux endroits aussi inexplorés que les forêts vierges du nouveau monde.

Au sud de Paris, cela s'appelle les Carrières d'Amérique; au nord, Clignancourt et Clichy.

Maintenant suivez-nous, ou plutôt suivons un homme qui traversait le boulevard extérieur, à la hauteur de l'ancienne barrière Rochechouart, par une de ces froides et brumeuses nuits de novembre pendant lesquelles le brouillard se résout en pluie imperceptible qui cingle le visage et donne le frisson jusque dans la moelle des os.

Mais cet homme était bien enveloppé dans un de ces amples pardessus d'alpaga à collet d'astrakan qui bravent la plus âpre froidure.

Ensuite il était jeune et son pas délibéré annonçait chez lui on ne sait quoi de crâne et d'aventureux.

Il marchait vite, les mains dans ses poches, caressant le pommeau d'un revolver à six coups.

Un cache-nez lui couvrait une partie du visage.

Son chapeau à bords étroits, sa botte vernie qu'il posait avec une adresse infinie sur les pavés les moins boueux, annonçaient un homme du monde élégant, alors même qu'on n'eût pas remarqué ses favoris bien taillés et une petite moustache noire se détachant sur un visage d'une blancheur mate.

Comme il était plus de minuit, on aurait pu se demander avec étonnement où cet homme allait ; car, après avoir traversé le boulevard extérieur, il prit bravement la chaussée Clignancourt.

Les boutiques étaient fermées, les cabarets aussi.

Cependant quelques-uns ouvraient furtivement une porte basse dans leurs devantures pour laisser passer des ouvriers attardés et avinés qui avaient fait le lundi. Le jeune homme allongeait le pas, à mesure qu'il entrait plus avant dans la chaussée.

On eût dit qu'il avait hâte d'atteindre quelque but inconnu.

Mais force lui fut de s'arrêter lorsqu'il entendit tout à coup prononcer son nom.

— Raymond ?

Il se retourna et fit un geste de surprise et peut-être de contrariété en voyant devant lui un jeune homme non moins élégant, non moins confortablement vêtu.

— Où courez-vous donc à cette heure, par un temps pareil et dans ce quartier, Raymond? reprit l'homme qui l'avait abordé.

— Et vous-même, Archibald? demanda notre héros nocturne avec un accent de dépit.

— Quand vous m'aurez dit où vous allez, je vous dirai d'où je viens.

Raymond fronça le sourcil.

— Savez-vous que vous êtes quelque peu indiscret ? dit Archibald.

— Mon cher Raymond, répondit sir Archibald, puisque vous voulez une explication, je vais vous la donner tout de suite.

— Voyons.

— Je vous suis depuis huit heures du soir.

— Et pourquoi cela? fit Raymond avec un nouveau froncement de sourcil.

— Pour vous tuer, dit froidement Archibald.

Raymond fit un pas en arrière.

— Vous êtes l'Anglais le plus excentrique que j'aie encore rencontré, dit Raymond, et ce n'est pas peu dire.

Sir Archibald eut un rire sec et nerveux.

— Ecoutez-moi bien, reprit-il, nous nous sommes connus à bord d'un navire qui revenait de Malte...

— Et d'Alexandrie, observa Raymond.

— Soit, mais je me suis embarqué à Malte. Nous nous sommes liés. Ce matin encore, j'aurais donné ma vie pour vous. Ce soir, je vous hais et je veux vous tuer.

— Sir Archibald, dit Raymond, êtes-vous bien sûr de n'avoir pas un accès de fièvre chaude?

— Je suis fort calme, je vous assure.

— Et vous voulez me tuer?...

— Oh! loyalement... en duel... je ne suis pas un assassin.

— Mais pourquoi me tueriez-vous?

— Parce que nous aimons la même femme.

A ces mots, Raymond devint excessivement pâle.

— Vous plaisantez, j'imagine, dit-il d'une voix émue.

— Je vous jure que j'aime Asaléa.

— Aléa, voulez-vous dire.

— Vous avez raison, dit Archibald, cette femme doit véritablement s'appeler Aléa, c'est-à-dire le destin, car il lui a suffi d'un regard pour allumer un volcan dans mon âme et changer en haine féroce toute l'amitié que j'avais pour vous.

— Sir Archibald, dit Raymond, je vous assure que vous êtes fou.

— Je vous affirme, moi, que j'ai toute ma raison.

Raymond demeura silencieux un moment.

— Après cela, dit-il, c'est possible; je sais bien que si Aléa voulait que je devinsse meurtrier, je le deviendrais.

— Ah ! vous commencez à me comprendre...

— Ainsi, vous voulez me tuer?

— Oui.

— Et si je vous tue, moi.

— La mort me délivrera. Mais, vous ou moi, il faut que la mort choisisse. L'un de nous est de trop.

— Et si moi mort, Aléa ne vous aime pas?

A son tour, sir Archibald recula.

— Eh bien ! dit-il, elle me haïra... j'aime mieux sa haine que son indifférence.

— Aléa ne hait personne.

— Elle me haïra si je lui dis que je vous ai tué.

Raymond eut un sourire triste.

— Mon cher baronnet, dit-il, êtes-vous bien sûr qu'Aléa m'aime ?

— Oh !

— Et si je vous disais que je n'ai jamais fait qu'effleurer le bout de ses doigts...

— Je ne vous croirais pas, dit Archibald.

— Je vous dis que je n'ai aucun droit sur Aléa.

— Raymond, je ne puis vous croire. Cherchez-vous donc par un mensonge...

— Je ne mens jamais, dit froidement Raymond. Maintenant, je suis à vos ordres. Demain, à l'heure que vous voudrez, où vous voudrez, et à l'arme que vous choisirez.

— Non pas demain, mais tout de suite, dit Archibald. Au bout de cette rue sont des champs; nous nous placerons à dix pas, sous le dernier réverbère, j'ai mes pistolets, tenez...

Raymond mit une pointe d'ironie dans sa voix :

— La proposition est engageante, et elle ne manque pas d'originalité, dit-il, mais je ne puis l'accepter.

— Pourquoi?

— Par ue j'ai affaire cette nuit.

— Ah ! dit sir Archibald.

— Mon cher baronnet, dit Raymond avec calme, vous avez fait une confidence, je vais vous en faire une autre.

— Vous aimez Aléa pour en faire votre maîtresse, moi je voudrais l'épouser.

— En vérité ! ricana l'Anglais.

— Pour être aimé d'Aléa, il me semble qu'un homme doit posséder des millions, poursuivit Raymond. Or, moi, j'ai dévoré les trois quarts de mon patrimoine.

— Alors, renoncez à Aléa.

— Non, et je vais de ce pas à la recherche d'une fortune immense.

— Chaussée Clignancourt ? dit l'Anglais avec ironie.

— Plus loin, dans les champs.

— Etes-vous fou ?

Au milieu des champs, il y a une maison abandonnée, poursuivit Raymond ; cette maison a une cour ; dans cette cour, il y a un puits...

— Bon ! après ?

— Au fond de ce puits est la fortune que je vais chercher.

— Permettez-moi, Raymond, dit sir Archibald, de croire à mon tour que vous avez perdu la raison.

— Attendez encore, dit Raymond. Je n'aurai qu'à me pencher sur le puits. Je sifflerai du fond du puits ; on me répondra ; alors je saisirai la corde des seaux et je descendrai.

Voulez-vous venir avec moi?

— Mais, dit l'Anglais, il y a donc des hommes au fond de ce puits?

— Des hommes qui ne m'ont jamais vu, que je n'ai jamais vus, et qui cependant m'attendent pour me donner un trésor.

Allons, venez-vous avec moi?

— J'y vais, dit l'Anglais. C'est assez bizarre pour que je vous laisse vivre une heure encore.

Et ils se mirent en route.

CHAPITRE II

— Nous avons le temps de causer, sir Archibald, dit Raymond. La chaussée Clignancourt est longue, et c'est bien avant dans les champs que se trouve la maison où je vais.

Sir Archibald ne répondit pas tout d'abord.

Il marchait auprès de Raymond d'un pas inégal et brusque, et, de temps à autre, son petit œil gris profondément enfoncé sous l'arcade sourcilière dégageait une sorte d'étincelle électrique.

Tout à coup il s'arrêta :

— Vrai, dit-il, ma haine pour vous croît de minute en minute.

— En vérité! ricana Raymond.

Et si je n'étais dominé par la curiosité, je crois, ma parole! que je vous logerais une balle dans la tête.

Raymond haussa les épaules.

— Combien de fois avez-vous vu Asaléa ?

— Une seule, mais cela m'a suffi. Je l'aimerai avec fureur et toute ma vie.

— Alors vous ne savez ni qui elle est, ni d'où elle vient ?

— Je ne sais rien.

— Ni moi non plus, dit Raymond.

Ces mots furent comme une douche d'eau glacée tombant sur l'occiput d'un fou.

— Je ne suis pas d'humeur de plaisanter, Raymond.

— Ni moi, dit le jeune homme, et je vous jure que je dis vrai.

— Cependant, depuis quinze jours on vous voit partout avec elle.

— C'est vrai!

— Tout Paris affirme que vous l'aimez...

— A en mourir!...

— Et qu'elle vous aime...

— Je n'en sais rien.

Sir Archibald tourmentait dans la poche de son paletot la crosse de ses pistolets.

— Mais expliquez-vous donc, dit-il, si vous voulez me faire prendre patience.

— Vous le voulez?

— Sans doute. Si je vous tue, il faut pourtant que je sache comment on s'y prend pour arriver jusqu'à elle.

Raymond répondit avec une gravité mélancolique :

— Mon cher ami, car je persiste, moi, à vous donner ce nom, Asaléa, Aléa, comme vous l'appelez, est apparue un soir au milieu de Paris, comme une fleur qui pousse tout à coup dans le sable du désert. D'où venait-elle? nul ne le sait; et jamais elle ne l'a dit à personne.

Il s'est trouvé pour elle un hôtel tout meublé dans le haut des Champs-Elysées, une écurie toute montée, des écrins remplis de bijoux et de pierreries, et des étoffes à couvrir une fille de roi.

Un homme l'accompagnait : un vieillard.

Est-ce son père? non; son amant? moins encore.

Il est humble auprès d'elle comme un intendant.

Elle frissonne parfois sous son regard, elle dont l'œil fascine et subjugue.

Il y a de cela deux ans.

Depuis lors, Aléa a été aimée, adorée; mais il n'est pas un homme à Paris qui puisse se vanter d'avoir obtenu d'elle un rendez-vous.

— Pas même vous? fit sir Archibald d'un ton moqueur.

— Pas même moi, quoique j'entre chez elle à toute heure

— Mais d'où vient cette femme?

— Je vous l'ai dit, nul ne le sait.

— Est-elle Parisienne, Russe, Suédoise?

— Elle parle toutes les langues avec une égale pureté.

Elle est musicienne, elle est peintre, elle ne fait pas de vers. C'est une femme aussi accomplie au moral que parfaite au physique.

— Comment lui avez-vous été présenté?

— Je me suis présenté tout seul. Je lui ai écrit, après l'avoir vue aux Italiens.

La première fois que je suis entré chez elle, elle m'a dit :

« Ne m'aimez pas, je porte malheur! »

— Cela pourrait bien être, ricana sir Archibald.

— Est-elle riche? Son train est celui d'une femme qui puise à pleines mains dans une caisse intarissable.

— Et c'est pour cela que vous voulez être riche vous-même !

— Sans doute, puisque je veux l'épouser.

— Si je vous en laisse le temps...

Raymond regarda sir Archibald à la lueur du dernier réverbère, car ils étaient arrivés au bout de la chaussée et avaient depuis longtemps dépassé le Château-Rouge.

— Sir Archibald, lui dit-il, les paroles d'Aléa me reviennent en mémoire : « Je porte malheur ! » Il est possible qu'elle ait raison... il est possible qu'au point du jour je ne sois plus qu'un cadavre; mais tenez, en ce moment, un singulier pressentiment traverse mon esprit.

— Ah ! fit l'Anglais.

— Je n'ai pas conscience de ma propre fin, poursuivit Raymond, et j'ai conscience de la vôtre.

L'Anglais tressaillit.

— Ce n'est pas seulement à moi qu'Aléa portera malheur.

— C'est à moi aussi, n'est-ce pas ?

— Oui.

— Et comment mourrai-je, si vous ne me tuez pas ? demanda sir Archibald toujours calme et railleur.

— Je ne sais qu'une chose, ou plutôt je le devine. Vous mourrez d'une mort horrible.

Sir Archibald ne put se défendre d'un geste d'effroi. L'accent de Raymond était marqué au coin d'une conviction profonde.

— Puisque vous êtes en train de satisfaire ma curiosité, reprit l'Anglais, vous irez bien jusqu'au bout, j'imagine ?

— Comment l'entendez-vous ?

— Vous m'expliquerez vos paroles mystérieuses à l'endroit de ce trésor que vous allez chercher.

— Oh! oh! dit Raymond, vous êtes curieux, mon cher baronnet.

— Je l'avoue.

Raymond consulta sa montre. Elle marquait une heure du matin.

— C'est entre deux et trois heures que je dois descendre dans le puits, dit-il. Si j'ai le temps, je vous raconterai une histoire plus étrange encore que celle d'Aléa.

Ils continuèrent à marcher.

Maintenant ils se trouvaient au milieu des champs; mais un rayon de lune avait traversé le brouillard et leur permettait de se guider.

— Ce doit être là, dit enfin Raymond en étendant la main.

Et il montrait une maison isolée, de l'autre côté des buttes Montmartre.

Un sentier boueux se dirigeait vers la maison, aboutissait à un mur à demi écroulé et pénétrait dans la cour par une brèche.

Raymond, s'étant baissé, constata que le sol détrempé portait les empreintes de pas toutes fraîches.

La maison était abandonnée, comme il l'avait dit.

L'herbe poussait dans la cour.

Au milieu de la cour, il y avait un puits surmonté d'une poulie.

Et, après cette poulie pendait une corde fixée à un large seau.

— C'est bien cela, dit Raymond.

Il se pencha sur le puits et fit entendre un coup de sifflet.

Ensuite il attendit, l'oreille collée à la margelle du puits.

— Rien encore, dit-il.

Et se retournant vers sir Archibald, qui l'avait suivi, il lui dit :

— Voulez-vous donc que je vous dise comment on peut venir chercher un trésor au fond d'un puits?

— Je vous écoute, répondit sir Archibald.

Et tous deux s'assirent sur la margelle.

Le puits était noir, on n'en pouvait sonder du regard la mystérieuse profondeur.

— Donnez-moi un peu de feu, dit Raymond qui prit un cigare dans sa poche.

L'Anglais lui tendit le sien, qui était aux trois quarts fumé.

— Maintenant, dit Raymond, écoutez...

CHAPITRE III

— Mon cher baronnet, je dois vous dire que tel que vous me voyez, moi le flâneur des boulevards, le membre du club et le sportman, je suis le dernier grand-prêtre d'une religion à peu près disparue aujourd'hui.

— Vous êtes fou! interrompit sir Archibald.

— Mais non, et vous allez le voir. Avez-vous entendu parler des francs-juges?

— Sans doute.

— Des francs-maçons?

— Encore plus.

— Alors, vous vous étonnerez moins quand je vous parlerai d'une association mystérieuse dont mes ancêtres ont été les fondateurs et les chefs.

— Mon cher, dit Archibald, il faut que nous soyons en plein air, dans ce lieu isolé, au bord de ce puits, et que je sente bouillonner en moi toute la haine que vous m'inspirez depuis que j'aime Aléa, pour que je ne sois pas obligé de me frotter les yeux et de vérifier si je suis bien éveillé.

— Vous l'êtes. Ecoutez encore.

Et Raymond continua :

— Avant d'aborder le merveilleux, laissez-moi vous dire comment j'ai eu connaissance de ce que je vais vous raconter.

Ma mère est morte en me donnant le jour, au fond d'un vieux château perdu dans les montagnes de l'Auvergne.

J'avais trois ans lorsque mon père, officier de cavalerie, fut tué en duel.

J'étais donc orphelin avant d'avoir atteint l'âge de raison, et mon éducation fut confiée, par un conseil de famille, à une vieille tante de ma mère et à une manière d'intendant appelé Jacques, qui avait vu naître mon père.

J'avais dix-huit ans quand ma tante mourut.

On m'émancipa, et je devins maître de ma fortune. J'avais environ deux cent mille livres de rente.

Elevé à Paris, fait de bonne heure à l'existence du viveur, je menai bon train ma fortune, ma santé et mon cœur.

Un matin, le vieux Jacques entra chez moi, et me dit :

— Monsieur le vicomte, vous avez tout à l'heure vingt-cinq ans, et l'année 186. approche.

— Eh bien ! lui dis-je étonné, que signifient ces paroles ?

— Vous étiez trop jeune, poursuivit Jacques, quand votre père est mort, pour qu'il pût vous initier au grand mystère.

— Quel mystère ? fis-je étonné.

— Le mystère du parchemin ; mais j'ai recueilli son dernier soupir, et il a eu le temps de me donner les indications nécessaires.

— Un mystère... Un parchemin ? balbutiai-je de plus en plus surpris.

— Le voilà.

Et Jacques mit sous mes yeux une feuille, non de parchemin, mais de papyrus, jaunie, couverte de signes mystérieux et qui étaient pour moi une énigme.

Dans un coin, il y avait un sceau plus énigmatique encore, représentant une licorne et un croissant.

— Qu'est-ce que tout ce grimoire? lui demandai-je.

— Monsieur, me répondit Jacques, je n'en sais pas plus que vous. Tout ce que je puis vous dire, c'est de vous répéter les dernières paroles de votre père.

— Que t'a-t-il dit?

— Ceci : Quand mon fils aura vingt-cinq ans, tu lui remettras ce parchemin. Personne en Europe ne pourrait le déchiffrer. Mais il partira pour Marseille et s'embarquera à bord du premier navire qui fera voile vers l'Orient; il se rendra au Liban et ira frapper à la porte d'un couvent de moines. Là, il demandera à voir le supérieur et il lui montrera cet écrit. Le supérieur seul pourra le déchiffrer.

Votre père ajouta :

« Il renferme un grand secret et il y a au bout une fortune princière. »

Voilà tout ce que je peux vous dire, monsieur le vicomte, ajouta le vieux Jacques.

Puis se reprenant :

— Ah! pardon, j'oubliais ceci : c'est en 186., le 17 novembre, m'a dit votre père, que la fortune promise par le parchemin vous sera délivrée

— C'est précisément le 17 novembre 186... interrompit sir Archibald.

Raymond fit un signe de tête affirmatif et poursuivit :

— J'avais bien grignoté déjà les deux tiers de ma fortune; je venais de rompre ma dernière intrigue et je n'avais absolument rien à faire à Paris.

L'aventure me tenta.

Je réalisai une vingtaine de mille francs, vendis mes chevaux, congédiai mes domestiques, dis adieu au vieux Jacques et partis.

D'ailleurs un voyage en Orient me séduisait.

Trois jours après j'étais en pleine mer; trois semaines plus tard, je gravissais, monté sur un petit cheval arabe, les pentes escarpées du Liban, les yeux fixés sur une construction blanche perchée au sommet d'un rocher comme l'aire d'un aigle.

Deux Arabes nomades composaient toute ma suite.

Le soleil allait disparaître lorsque je frappai à la porte du couvent.

J'avais eu soin de mettre à mon chapeau une croix blanche, signe indispensable pour être introduit auprès du supérieur.

Un moine me demanda, avant d'entrer, ce que je désirais.

Je lui répondis que je voulais parler au chef de la communauté.

Le supérieur, me fut-il répondu, n'admet jamais aucun étranger en sa présence passé le coucher du soleil.

C'est l'heure de nos prières, et les affaires du monde ne nous regardent plus.

Néanmoins, il consentit à m'introduire dans le couvent.

On me donna une cellule et on m'y servit à souper. J'étais fatigué, et, en dépit de mon impatience et du désir que j'avais d'apprendre le contenu du parchemin, je ne tardai pas à m'endormir du plus profond sommeil.

Le soleil était haut à l'horizon déjà, lorsque je m'éveillai.

Le moine qui m'avait reçu la veille vint me trouver et me dit :

— Habillez-vous et suivez-moi, le supérieur vous attend.

Quelques minutes après j'étais introduit auprès de ce grand personnage du christianisme en Orient et qui a le rang d'évêque.

C'était un vieillard qui me parut centenaire, tant sa barbe était blanche et tant il était courbé.

Après l'échange de quelques banales politesses en langue franque, il me demanda ce que je désirais de lui.

Je mis sous ses yeux le parchemin.

Il tressaillit aussitôt, me regarda avec une curiosité mêlée de respect, et me dit :

— Vous avez bien fait de venir. Je suis le dernier possesseur de cette langue mystérieuse et la mort est proche. Après moi, nul n'aurait pu vous donner la clef du mystère.

— Mais pardon, dit Raymond, interrompant un moment son récit. Laissez-moi voir si on m'attend...

Et se penchant sur le puits, il siffla de nouveau.

On ne répondit pas.

— Voyons la suite de cette étrange histoire, murmura sir Archibald, dont la curiosité était excitée au plus haut degré.

— Voici, dit Raymond.

Et il continua.

CHAPITRE IV

Le vieux prêtre maronite poursuivit alors la lecture du manuscrit, reprit Raymond.

A mesure qu'il lisait, sa physionomie changeait d'aspect, et il paraissait se transfigurer.

En même temps, son attitude vis-à-vis de moi devenait plus respectueuse.

— De qui tenez-vous ce parchemin? me dit-il enfin.

— De mon père.

— Qui lui-même le tenait du sien, n'est-ce pas?

— Vous l'avez dit.

Il me regarda de nouveau, et me dit enfin :

— Oui, c'est bien vous l'homme que nous attendons depuis tant d'années.

— Je n'ai pourtant que vingt-cinq ans, lui dis-je.

— Il y a quatre siècles que nous vous attendons.

Et comme je faisais un mouvement d'étonnement, il me prit par la main et me dit :

— Venez !

— Où me conduisez-vous ?

— Vous le saurez. Venez toujours.

Nous quittâmes sa cellule ; puis, traversant de longs corridors, nous arrivâmes au pied d'un escalier qui montait en spirale dans une tour.

Cette tour, qui s'élevait à plusieurs centaines de pieds au-dessus du couvent, je l'avais aperçue de la pleine mer.

Carrée, blanche, elle se détachait, comme une mouette sur un récif, au flanc de la montagne brune.

Sur sa plate-forme flottait un drapeau dont le temps et l'intempérie des saisons avaient effacé les couleurs. Un seul homme avait le droit de monter sur cette plate-forme, — le supérieur du couvent.

Aussi avait-il la clef de l'escalier pendue à sa ceinture, et lorsque les moines qui se trouvaient épars dans les corridors le virent prendre cette clef, éprouvèrent-ils une surprise profonde.

Le vieillard ouvrit la porte de l'escalier et me dit :

— Ce sera la dernière fois sans doute que je gravirai ces marches. Il y en a trois cent vingt.

Cependant il monta d'un pas assez leste pour son grand âge.

Je le suivais, et, à mesure que nous nous élevions, j'apercevais par les meurtrières de la tour un splendide panorama.

Arrivés tout en haut, sur la plate-forme, je demeurai ébloui.

Il me semblait que nous étions plus près du ciel que de la terre et que j'avais l'univers sous mes pieds.

— Regardez, me dit le moine.

Au couchant, la nue resplendissait des rayons du soleil levant, éclairant au loin dans la brume un rocher noir.

— C'est l'île de Chypre, me dit le moine. D'ici vous découvrez tous les domaines de celui dont vous êtes le dernier représentant.

— Qui suis-je donc? m'écriai-je.

Il ne répondit pas à ma question et continua :

— Regardez! voici à l'orient la vallée de

Bekra, les ruines de la ville du soleil, et Damas, et au delà le sable jaune du désert.

Tournez vos yeux vers le midi, apercevez-vous les collines de Galilée?

Maintenant, regardez au nord: voici la chaîne du Taurus et Antioche.

Et tout ce qu'il me montrait était enveloppé dans une brume blanche au travers de laquelle le soleil étincelait comme des paillettes d'or sur une robe de gaze blanche, aux feux des bougies d'un bal.

— Tout cela était à lui, répéta le vieillard.

— Mais à qui donc? demandai-je pour la seconde fois.

— A celui dont vous descendez. Comment vous nommez-vous?

— Raymond.

— Vous avez un autre nom certainement?

— Raymond, vicomte de Mahédin.

— C'est bien cela, dit-il; le nom est devenu français, mais il s'est écrit jadis Ma-Eddin.

Et comme mon étonnement redoublait, il me dit encore :

— Je vais vous traduire ce manuscrit. Il est en langue néodruse, une langue sacrée et mystique, que seul je parle et comprends encore dans tout l'Orient et qu'un seul homme en Occident possède après moi.

Lui mort et moi mort, si vous renoncez à poursuivre la grande œuvre de Ma-Eddin, il ne restera plus trace de cette langue, car les livres sacrés ne sortiront jamais de la caverne où ils sont enfouis.

Je regardais ce vieillard tandis qu'il parlait, et je me demandais s'il n'était pas fou.

Mais, à la façon dont il me lut le parchemin, je ne pouvais me refuser à croire qu'il traduisait textuellement.

Or, voici la substance, mon cher baronnet, de ce que contenait la feuille de papyrus.

En l'année mil quatre cent soixante, le Liban ressemblait beaucoup à ce qu'il est encore en 186...

Deux peuples toujours ennemis, toujours vivants, les Druses et les Maronites, l'habitaient, se livrant des batailles acharnées et se faisant une guerre sans trêve à travers les siècles.

Les Maronites adoraient le Christ, les Druses croyaient et croient encore à Mahomet.

Mais leur religion n'est point celle des autres musulmans.

Ils ont des pratiques mystérieuses, des

croyances particulières, et sont divisés en plusieurs sectes.

De ces sectes religieuses, une secte politique devait naître.

Le chef de cette secte se nommait Ma-Eddin, et c'était, paraît-il, mon ancêtre.

Quel était son but ? Je l'ignore encore, mais je le saurai dans une heure sans doute.

Sir Archibald interrompit Raymond.

— Comment ! le supérieur des moines ne vous l'a pas dit ?

— Non, car il ne le savait pas lui-même.

— Le manuscrit n'en disait donc rien ?

— Le manuscrit était couvert, sur le recto et le verso, de cette écriture mystérieuse que le vieux moine déchiffrait couramment. Mais voici où la bizarrerie commençait : le recto contenait un récit parfaitement intelligible; c'était une instruction, disait-il, de ce que le dernier possesseur de la feuille de papyrus aurait à faire.

Le verso, au contraire, n'était que la moitié d'une feuille plus grande et par conséquent ne contenait que des phrases tronquées qui, pour être intelligibles, devaient être rapprochées de cette autre moitié qui se trouvait dans les mains de l'homme d'Occident dont parlait le moine.

— Bizarre, en effet! murmura sir Archibald.

— Maintenant, continua Raymond, voici le texte du verso :

Ma-Eddin avait fondé une secte politique qui portait le nom d'*Akreb-Bidel.*

Cela se passait un peu avant la conquête de Constantinople par les Turcomans.

Les Turcs étaient des barbares.

Sept ans après la conquête, c'est-à-dire en 1460, Ma-Eddin et sa suite furent traqués comme des bêtes fauves, et une lutte acharnée s'engagea entre eux et les nouveaux dominateurs de l'Orient.

La preuve que la secte de Ma-Eddin n'était pas uniquement religieuse, c'est que des chrétiens s'y trouvaient affiliés.

Un jour, Ma-Eddin s'embarqua à Saint-Jean-d'Acre avec sa femme — il n'en avait qu'une — son enfant, âgé de dix ans, ses disciples et ses serviteurs.

Où allait-il?

Nul ne le sut.

Mais, vingt ans après son départ, et comme le Liban n'avait plus entendu parler de lui, un homme arriva d'Occident et dit :

— N'attendez plus Ma-Eddin, il est mort ; mais sa doctrine ressuscitera un jour, dans bien longtemps, et elle triomphera de par le monde.

Cet homme entra dans ce couvent de Maronites où j'étais allé, et depuis lors, car il y avait une date lointaine fixée d'avance pour la résurrection de la doctrine de Ma-Eddin, la langue mystérieuse fut transmise d'un monde à l'autre à travers les siècles.

Un seul la possédait.

Quand il était vieux, il initiait un autre moine à cet alphabet mystique, et cet autre moine faisait à son tour le serment de le transmettre à un successeur.

Avec le supérieur auquel je venais de m'adresser devait mourir le secret ; car, me dit-il, les temps étaient proches, et, si je ne m'étais pas présenté, c'est que la race de Ma-Eddin n'existait plus.

Raymond s'interrompit une fois encore.

Il lui semblait avoir entendu monter un coup de sifflet du fond du puits.

Mais sir Archibald, tandis qu'il se penchait, tira sa montre et lui dit :

— Vous vous trompez ; vous avez encore une demi-heure, pour le moins.

Et Raymond reprit son récit.

CHAPITRE V

Ma-Eddin était donc mort.

Oui, et comment?

L'homme qui revint au Liban ne le dit pas, et aucun des moines qui lui succédèrent dans la connaissance de la langue mystérieuse ne le sut après lui.

Le dernier, celui auquel je m'adressais, moi, Raymond, ne le savait pas davantage.

— Pour savoir l'histoire de votre ancêtre, me dit-il, il faut que les deux feuilles de papyrus soient rapprochées.

Alors, non-seulement vous apprendrez où se trouve le trésor qui vous est promis, mais quel était le but de Ma-Eddin.

— Il faut donc que je retourne en Europe?

— Sans doute.

— Et où trouverai-je l'autre feuille de papyrus?

— Voici, me dit le moine : de même que la langue mystérieuse se conservait ici à l'ombre des murs de ce couvent, de même, en Europe, — et je crois vous l'avoir dit déjà, — il y a une famille qui, de père en fils, se transmet l'alphabet mystérieux.

Où est cette famille? je l'ignore, mais je le saurai dans trois mois.

— Pourquoi ce terme? demandai-je.

— Ecoutez, reprit-il. La date fixée par Ma-Eddin est le 17 novembre 186....

Or, nous sommes au commencement de février.

Dans cette tradition qui s'est perpétuée jusqu'à moi, il est dit que trois mois avant le terme fixé, l'homme d'Orient et l'homme d'Occident se mettront en rapport.

Si l'homme d'Orient n'a point vu paraître celui qui descend de Ma-Eddin, c'est que Ma-Eddin n'aura plus de postérité.

Alors l'homme d'Orient et l'homme d'Occident se sépareront en faisant le serment d'emporter dans la tombe le secret de la langue mystique.

— Ainsi, lui dis-je, si je n'étais pas venu...

— La tradition de Ma-Eddin serait retournée au néant.

— Et les trésors qu'il a laissés.

— Nul n'aurait jamais su où ils sont, pas même nous, puisque pour le savoir, il faut rapprocher les deux feuilles de papyrus.

— Eh bien ! lui dis-je en souriant, ni la langue, ni les trésors, ni le but de Ma-Eddin ne périront.

Il me regarda longuement et me dit enfin :

— Vous êtes jeune, vous paraissez ardent... Qui sait? le rêve de Ma-Eddin s'accomplira peut-être. Sa doctrine, secouant la cendre des siècles, ressuscitera plus puissante et plus lumineuse que jamais.

Raymond s'interrompit une fois encore dans son récit.

— Je vous avoue, mon cher Archibald, dit-il, que pendant dix minutes je me trouvai un autre homme que celui que j'avais toujours été.

Ce vieux moine qui me révélait ma mystérieuse origine, ce ciel d'Orient sur ma tête, ce pêle-mêle grandiose de montagnes, de vallées, de villes blanches et de déserts, avec la mer au lointain, qui se déroulait sous mes pieds; tout cela me donna le vertige, bouillonna dans mon cerveau, éblouit ma vue.

Je me crus réellement un moment l'homme qui se voit accomplir de grandes destinées, quelque chose comme un prophète attendu à travers les âges et dont les temps étaient proches.

Aussi m'écriai-je :

— Je suis bien le fils de Ma-Eddin, je le sens, et ce qu'il a ordonné, je l'accomplirai.

— C'est bien, me dit le moine.

Et il imposa ses deux mains décharnées sur mon front, ajoutant :

— Fils de Ma-Eddin, je te bénis.

Puis nous quittâmes la plate-forme et retournâmes dans sa cellule.

Là il me dit encore :

— Quelle ville d'Europe habitez-vous?

— Paris.

— Retournez-y et attendez. Dans les premiers jours de novembre, vous trouverez dans les bureaux de la poste une lettre écrite en langue franque et adressée aux initiales M. E. Cette lettre vous dira où vous devez aller le 17 novembre.

Je quittai le couvent le soir même, emportant

la bénédiction du vieux moine, que je ne dois plus revoir sans doute, et j'allai m'embarquer à Alexandrie. Ce fut à Malte que le hasard nous réunit sur le même navire, sir Archibald.

— Oui, dit l'Anglais, et si vous n'aviez rencontré Asalea, ou du moins si je ne l'avais vue, nous serions encore amis.

Raymond tressaillit.

Les dernières paroles de l'Anglais le rappelaient à la situation étrange que son ex-ami voulait lui faire.

— Voyons, sir Archibald, dit-il, êtes-vous bien certain de n'avoir pas cédé à un moment de folie et d'égarement? Vrai, me haïssez-vous ?

— Je vous hais, dit sèchement sir Archibald.

— Alors, dit Raymond avec le même calme, il faudra que je vous tue, car je veux continuer l'œuvre de Ma-Eddin.

Et Raymond prit sa montre et la consulta.

— Encore dix minutes, murmura-t-il.

— Vous ne resterez pas longtemps dans votre puits, au moins ? fit sir Archibald.

— Je n'en sais rien.

— Soit, je vous attendrai, dit l'Anglais avec calme.

Puis tirant un étui de cuir de Russie de sa poche :

— Voulez-vous un cigare? dit-il ; le vôtre doit vous brûler les lèvres.

— Je veux bien, répondit Raymond.

— L'Anglais choisit lui-même le cigare et le tendit à Raymond.

Raymond le prit sans défiance et en coupa l'extrémité du bout des dents.

Alors sir Archibald lui passa son cigare à lui.

— Allumez-vous, dit-il.

Raymond aspira trois ou quatre gorgées de tabac, et tout à coup il jeta un cri, étendit les bras, les agita un moment, chancela une minute et tomba comme foudroyé.

Puis il demeura immobile sur le sol et l'on eût dit qu'il était mort.

Un sourire vint alors aux lèvres de sir Archibald et son petit œil gris brilla d'un ton sombre.

— Je ne me doutais pas, il y a six mois, murmura-t-il, lorsque le médecin arabe me prépara ce cigare qui devait me foudroyer d'abord et me faire perdre la raison ensuite, que je n'en ferais jamais l'expérience. Ce pauvre Raymond n'a pas de veine : il ne mourra pas, mais il sera fou, et il ne saura jamais où sont les trésors de Ma-Eddin, pas plus qu'il ne reverra Asalea.

Et comme il disait cela et riait de son méchant rire, un coup de sifflet monta des profondeurs du puits.

Alors sir Archibald se pencha sur Raymond frappé de paralysie et dont le cœur battait à peine, et il se mit à le fouiller.

La fameuse feuille de papyrus pliée en quatre se trouvait dans le portefeuille du jeune homme.

L'Anglais s'en empara.

Puis, montant sur la margelle du puits, il se cramponna à la corde, mit ses deux pieds dans le large seau, et le seau descendit lentement.

— A moi le secret et les trésors de Ma-Eddin! s'écria le traître en s'élançant dans le gouffre.

. . . .

CHAPITRE VI

Qu'était-ce que sir Archibald, cet homme qui s'éprenait en une heure pour une femme d'une passion assez violente pour le faire l'ennemi implacable de l'homme qu'il avait appelé son ami ?

Sir Archibald était un de ces Anglais bruns, plus nombreux qu'on ne pense, et qui ont peut-être dans les veines quelques gouttes de sang indien.

Il était né à Calcutta, avait fait ses études à Oxford, passé les étés à Londres, les hivers dans un vieux manoir du Northumberland, et promené son spleen héréditaire dans les cinq parties du monde.

Sir Archibald était un homme de trente ans.
Il avait dévoré une grande fortune; mais sa dernière livre sterling lui avait porté bonheur, comme on va voir.

A vingt-six ans, ruiné, sans crédit, sans espérance, fatigué de tout, sir Archibald était entré chez un armurier de la Cité pour acheter un pistolet et se brûler la cervelle.

Un autre Anglais, en ce moment, y faisait une acquisition identique, et dans le même but.

Sir Archibald était connaisseur en armes; l'autre Anglais se vantait d'avoir inventé un canon.

Tandis que l'armurier chargeait les deux armes destinées à envoyer ces deux gentlemen dans le monde des âmes, une discussion s'engagea entre eux.

L'Anglais, inventeur d'un canon se chargeant par la culasse, méprisait les armes à percussion.

Sir Archibald fit l'apologie de la capsule.

— *My dear*, lui dit l'homme au canon, vous voulez vous brûler la cervelle?

— Oui, mylord.

— Moi aussi.

Sir Archibald salua.

— Que penseriez-vous d'un duel entre nous, à cinq pas, deux coups chargés, et les yeux bandés ?

— Mais, dit sir Archibald, si je vous tue, que voulez-vous que je devienne?

— Je vous fais mon héritier.

Sir Archibald hésita.

Un Anglais qui a résolu de se tuer ne renonce pas facilement à son idée.

Heureusement une fantaisie lui passa par l'esprit. Sir Archibald se souvint d'une actrice de Covent Garden qui avait les cheveux rouges et les yeux noirs.

Il accepta la proposition de l'Anglais.

Le combat eut lieu, après toutefois que le pair d'Irlande, car l'homme au canon en était un, eut rédigé un testament en bonne forme par lequel il instituait sir Archibald son légataire universel.

Le combat eut donc lieu.

Le pair d'Irlande tira le premier et manqua sir Archibald.

Sir Archibald souleva son bandeau, ajusta fort tranquillement et tua le pair d'Irlande.

Après quoi il hérita sans remords et renonça à toutes ses idées de suicide.

Sir Archibald se mit alors à voyager.

Il y a une chose assez surprenante : c'est que les Anglais voyagent pour se distraire et fuir le spleen, et que les voyages développent singulièrement chez eux cette étrange maladie.

Le meurtrier de l'homme au canon fit le tour du monde, grimpa sur les Cordillères, s'assit près de la chute du Niagara, acheta des esclaves cuivrées en Océanie et des Géorgiennes à Constantinople, et, un soir qu'il se promenait à la Corne-d'Or, ayant devant lui ce magique panorama du Bosphore, il s'avoua que le spleen le prenait de plus en plus à la gorge.

Tandis qu'il faisait tristement cette réflexion et revenait insensiblement à ses idées de suicide, un fou passa près de lui.

Un de ces fous hébétés et joyeux tout à la fois, qui passent leur vie dans le rêve opiacé du haschich, pour lesquels l'existence réelle n'est qu'un sommeil, tandis que l'autre, c'est-à-dire celle du rêve, est un perpétuel enchantement.

Cet homme fit quelques pas, étendit une petite couverture sur le sol, s'assit dessus, croisa les jambes, alluma son chibouk et se mit à fumer son grain d'opium.

Sir Archibald le regardait.

Et comme le visage du fou se transfigurait peu à peu et donnait insensiblement toutes les marques d'une satisfaction extatique, l'Anglais s'écria avec un sentiment d'envie :

— Je voudrais être cet homme-là.

— C'est facile, dit une voix derrière lui dans le plus pur anglais du monde.

Sir Archibald se retourna.

Un petit homme vêtu à l'orientale, mais blanc de visage, était derrière lui et le regardait en souriant.

— Ah! c'est facile? dit sir Archibald.

— Oui, mylord.

— On peut arriver à ce degré d'abrutissement?

— Oui, mylord.

— Peut-être après avoir pris du haschich pendant dix ou vingt ans?

— Cela dépend... Il y a deux manières, en effet, d'arriver à ce degré d'abrutissement extatique : graduellement ou tout d'un coup.

— Je préférerais tout d'un coup, dit sir Archibald.

Le médecin se prit à sourire :

— Mais, dit-il, c'est qu'on ne guérit jamais de suite.

— Vraiment? et peut-on vivre longtemps?

— Cela dépend de la constitution qu'on a. Tenez, vous, mylord, par exemple, si je vous disais que vous me paraissez constitué de manière à vivre très-vieux...

— Ah! vous croyez?

— J'en suis sûr.

— Et si je devenais tout à coup aussi fou qu'un vieux fumeur d'opium, pensez-vous que je m'amuserais?...

— Je n'en ai jamais essayé moi-même, dit le médecin; mais je sais bien qu'aucun de ceux qui se livrent à cette passion ne voudrait y renoncer.

Et, avec une imagination tout orientale, le médecin turc dépeignit les rêves ardents, les joies sans bornes et toujours nouvelles du fumeur d'opium.

Sir Archibald fut séduit, et il se fit le raisonnement que voici :

— Je veux me tuer parce que je m'ennuie; mais la folie ressemble à la mort, avec cette différence qu'on va et qu'on vient, et qu'on respire.

Décidément je préfère la folie.

Alors le médecin lui expliqua qu'il pourrait lui préparer des cigares opiacés à une si haute dose, qu'après trois gorgées de fumée, il tomberait foudroyé, pour se réveiller fou, deux heures après.

Les offres du médecin turc séduisaient assez sir Archibald.

Cependant l'apoplexie factice que procurait le cigare le fit réfléchir.

— J'aimerais assez essayer l'expérience sur un autre, dit-il.

— C'est facile, répondit le médecin.

Sir Archibald lui donna son adresse et un rendez-vous pour le lendemain matin.

Il était logé dans Pera, à l'hôtel de France.

Sir Archibald avait un vieux domestique, sorte de Caleb, qui eût pu rivaliser de fidélité avec celui de sir Ravenswood.

Ce Caleb se nommait John.

John avait vu naître sir Archibald et l'aimait comme son fils.

Sir Archibald avait un grand mépris de cette fidélité désintéressée.

Comme il rentrait, ses yeux tombèrent sur John.

— Voilà un bonhomme, pensa-t-il, qui, même fou, me suivra partout.

Nous ferons l'expérience sur lui.

Et sir Archibald attendit le lendemain avec une fiévreuse impatience.

CHAPITRE VII

Le lendemain arriva.

Le médecin turc fut fidèle au rendez-vous.

— John, dit sir Archibald, viens ici!

Le Caleb s'approcha.

— Il me vient une fantaisie, John.

Le Caleb regarda son maître d'un air qui signifiait :

— Vos fantaisies sont sacrées pour moi.

— Tu n'as jamais fumé, John?

— Jamais, maître.

— Il me plairait que tu fumasses.

John s'inclina; cependant il fit une légère grimace en disant :

— Ce doit être bien mauvais.

Mais sir Archibald le voulait. John prit donc le cigare que lui tendait le médecin turc.

En même temps, sir Archibald poussa la complaisance jusqu'à lui offrir son propre cigare pour qu'il y prît du feu.

John fuma et la prédiction du médecin turc s'accomplit.

A la troisième gorgée, le Caleb tomba littéralement foudroyé.

Et comme il paraissait mort, sir Archibald dit avec flegme :

— Cela me contrarierait cependant qu'il ne revînt pas à lui.

— Soyez tranquille, répondit le médecin, c'est l'affaire d'une heure ou deux.

Sir Archibald attendit tranquillement en fumant un cigare.

Au bout de deux heures, John sortit de son sommeil léthargique.

Mais ce fut pour donner tous les symptômes de l'abrutissement et de la folie.

L'Anglais paya deux cents piastres une demi-douzaine de cigares opiacés et les mit dans son étui.

Puis il se dit :

— Je vais m'amuser quelque temps de la folie de John et je verrai bien s'il est heureux.

Dès lors il se mit à étudier le pauvre Caleb.

John avait une folie douce, rêveuse, pleine d'extases.

Un jour, il rêvait qu'il était aimé par la houri favorite du Prophète.

Une autre fois, il croyait siéger à la chambre des communes et fulminer un beau discours.

Le plus souvent, il était prince, général, commodore, et se plaignait qu'on l'accablait d'honneurs.

Cela amusait beaucoup sir Archibald, que le pauvre Caleb continuait à suivre avec la docilité d'un caniche.

Dès lors, sir Archibald réserva ses cigares pour le moment où le spleen reparaîtrait à l'horizon plus tenace que jamais.

Il quitta Constantinople et vint à Malte. A Malte, John prétendit qu'il était le grand maître de l'ordre et qu'il avait pour mission de fortifier l'île et de la défendre contre les Turcs.

Sir Archibald riait de plus belle.

Il s'embarqua le jour même où John parlait de faire sauter les forts plutôt que de les rendre à la flotte turque.

Mais, sir Archibald s'étant embarqué, le grand

maître redevint domestique et s'embarqua pareillement.

Ce fut à bord du navire qui faisait voile pour la France que sir Archibald rencontra Raymond de Mahédin.

Il se lia avec le jeune voyageur, mais il jugea inutile de lui confier le secret de la folie de son domestique.

Sir Archibald suivit Raymond à Paris.

Raymond le présenta à son club et, non moins prudent que sir Archibald, il ne lui souffla pas un mot du but réel de son voyage au Liban.

Trois mois s'écoulèrent.

Pendant ces trois mois, sir Archibald lutta contre le spleen.

Mais le spleen revenait.

Vingt fois sir Archibald porta un de ses fameux cigares à ses lèvres, mais il ne l'alluma point.

Sur ces entrefaites, Raymond, qui attendait avec impatience la date solennelle du 17 novembre, rencontra Asalea et en devint amoureux.

Quinze jours plus tard, sir Archibald vit Alea à son tour.

Et sir Archibald se dit :

— Cette femme m'aimera... Il le faut ! je le veux !

Tel était l'homme qui venait de se débarrasser de Raymond avec un des cigares qu'il portait toujours sur lui, comme certains personnages historiques, du poison dans le chaton d'une bague.

Comme on a pu le voir, sir Archibald était un homme sans préjugés.

Il avait tué l'homme au canon en violant les conditions du combat, c'est-à-dire en ôtant son bandeau pour y voir clair et ajuster.

Il avait rendu son domestique idiot.

Il venait enfin de se débarrasser de Raymond.

Pour lui, la vie était une lutte à soutenir contre le spleen.

Peu importaient les moyens.

Or, dans le récit de Raymond, dans la passion insensée qu'Azalea lui avait inspirée, sir Archibald trouvait un secours nouveau pour soutenir cette lutte.

Et il se laissait couler bravement dans le puits en se disant :

— Cela va joliment m'amuser de passer pour le descendant de Ma-Eddin.

Le puits était profond. Le seau descendait lentement.

Sir Archibald était dans l'obscurité, et un homme moins brave que lui eût éprouvé un certain effroi de se laisser ainsi tomber dans le vide, et dans le vide envahi par les ténèbres.

Enfin il éprouva une secousse.

La corde tendue devint lâche, le seau heurta le fonds du puits et s'arrêta.

Le puits était sans eau.

Sir Archibald leva la tête et aperçut à une hauteur incommensurable un coin du ciel.

Puis il regarda devant lui et ses yeux furent brûlés par un rayonnement lointain.

Le puits était sans eau et paraissait être l'entrée d'une galerie souterraine semblable à celle qu'on creuse dans les mines.

Au bout de cette galerie, brillait ce point lumineux qui grandissait et paraissait venir vers sir Archibald.

L'Anglais attendit.

A mesure qu'il approchait, sir Archibald regardait, et il finit par reconnaître un homme qui s'avançait lentement, portant une lampe devant lui, et, quand cet homme fut tout près, le baronnet le regarda curieusement.

C'était un vieillard à barbe blanche, vêtu d'une houppelande et coiffé d'un turban.

Etait-ce le moine que Ma-Eddin avait rencontré au Liban?

Ou bien un de ces vieux juifs comme on en rencontre encore dans le Ghetto de Rome?

Etait-ce un personnage réel ou fantastique?

Sir Archibald ne le savait pas au juste.

Mais il attendit, caressant toujours la crosse de ses pistolets.

CHAPITRE VIII

Le vieillard qui s'avançait vers sir Archibald, abritait de sa main ouverte la lampe qu'il portait.

Quand il fut à dix pas, il s'arrêta et demanda en langue franque :

— Etes-vous celui que nous attendons ?

Fort heureusement pour lui, sir Archibald était familier avec cette langue, par suite du long séjour qu'il avait fait en Orient.

Aussi répondit-il :

— Je suis Ma-Eddin, fils de Ma-Eddin.

Le vieillard s'inclina et courba sa tête blanche presque jusqu'à terre.

— Maître, dit-il ensuite, suivez-moi.

La lampe, une lampe en fer triangulaire et dont la forme était du plus pur moyen âge, projetait autour d'elle assez de clarté pour que sir Archibald pût se familiariser avec l'étrange lieu où il se trouvait.

La galerie à laquelle le puits servait d'entrée était longue et ne paraissait point percée en ligne droite.

Haute vers le puits, avec une voûte en maçonnerie, elle allait en se rétrécissant peu à peu et s'abaissant par degrés.

Le vieillard se mit à marcher le premier, faisant toujours avec sa main un abat-jour à la lampe, et sir Archibald le suivit.

La galerie tournait en effet comme un arc de cercle ; au bout de cent pas, sir Archibald vit une porte.

Une porte basse, étroite, qui paraissait d'une solidité à toute épreuve.

Le vieillard prit une clef à sa ceinture et ouvrit cette porte.

Alors sir Archibald se trouva au seuil d'une vaste salle d'aspect plus étrange encore que ce qu'il avait vu jusque-là.

Cette salle, de forme ronde, voûtée comme un cloître, avait ses murs blancs couverts de signes mystérieux peints en rouge.

On eût dit des lettres de sang.

Tout à l'entour régnait une sorte de natte sur laquelle l'Anglais vit une douzaine d'hommes de tout âge, accroupis selon la mode des Orientaux. Les uns étaient jeunes, les autres vieux; ils portaient toute leur barbe et étaient revêtus d'une sorte de caftan.

Les uns portaient le turban des Turcs.

Les autres, la calotte rouge des Druses du Liban.

D'autres encore le haut bonnet arménien.

Sir Archibald se crut au milieu d'une population israélite d'Orient, à quinze ou dix-huit cents lieues de Paris.

Tous, à la vue du vieillard, se levèrent.

— Voici celui que notre race attend depuis quatre siècles, dit-il.

Et comme il l'avait fait déjà, les mystérieux compagnons du vieillard s'inclinèrent devant celui qu'ils prenaient pour le fils de Ma-Eddin.

Alors le vieillard reprit la parole.

— Maître, dit-il, le lieu où vous êtes sert de refuge à nous et à la race dont nous sommes issus, depuis la fin du moyen âge.

Creusé par nos pères, ce souterrain n'a jamais été visité que par ceux qui, à travers les âges, ont eu foi dans la promesse de Ma-Eddin.

Sir Archibald fit un signe de tête.

Mais son regard inquiet semblait chercher autour de lui une trace de ce trésor annoncé.

— Avez-vous la feuille de papyrus? continua le vieillard.

— La voilà, répondit le faux Ma-Eddin.

Au milieu de la salle souterraine se trouvait une table sur laquelle sir Archibald aperçut une feuille exactement semblable.

Le vieillard rapprocha les deux feuilles et sir Archibald vit qu'elles se rapportaient parfaitement l'une à l'autre.

— Enfin! dit le vieillard.

Et son visage s'illumina d'une joie profonde.

— Maître, dit-il, je me nomme Josué, fils de Josuah, et je suis le descendant direct du compagnon de Ma-Eddin.

Ces hommes qui m'entourent sont les descendants d'Izaniel, son autre compagnon.

Dispersés hier encore à travers le monde, n'ayant d'autres liens entre eux qu'un signe de ralliement mystérieux, ils attendaient que l'heure eût sonné.

Ni eux, ni moi ne savions en quel coin de

l'univers grandissait, ignorante de sa destinée, la race de Ma-Eddin.

Mais tous nous avions foi dans la promesse écrite, et nous savions que la lumière nous viendrait de l'Orient.

— C'est de l'Orient, en effet, que je viens, dit sir Archibald. Et je viens à vous pour être initié aux mystères que vous possédez.

— Nous ne savons que la tradition, dit le vieillard. Quant au secret de Ma-Eddin, ces deux feuilles de papyrus réunies nous en donneront la clef.

Lisez-vous donc couramment cette écriture et comprenez-vous cette langue? demanda le faux Ma-Eddin.

— Oui, dit le vieillard. Mais cette écriture est moins composée de lettres que de signes d'une concision prodigieuse.

Cette page donnera un volume de traduction.

Dans trois jours seulement nous pourrons mettre ce volume sous vos yeux.

— Et, dit sir Archibald, dans trois jours...

— D'ici là, reprit le vieillard, vous allez rentrer chez vous, fils de Ma-Eddin, et attendre.

— Trois jours! murmura l'Anglais avec une sorte d'impatience.

— Où vous trouvera-t-on? demanda Josué, fils de Josuah.

— Au lieu qu'il vous plaira de m'indiquer.

— N'habitez-vous donc point la grande ville qui s'étend sur nos têtes?

— Oui, certes, depuis quelques jours.

Puis, se ravisant, sir Archibald dit :

— Il y a une vaste hôtellerie qui porte le nom d'un palais.

— L'hôtel du Louvre? dit Josué.

— Précisément.

C'est là que vous me trouverez dans trois jours.

— C'est bien, dit le vieillard. Et maintenant, maître, vous pouvez partir.

Les compagnons de Josué n'avaient pas prononcé un seul mot.

Sur un signe du vieillard, ils vinrent à tour de rôle s'incliner devant sir Archibald, et baiser le bas de ses vêtements.

Puis le vieillard le reprit par la main et lui dit :

— Viens!

Sir Archibald parcourut de nouveau le même chemin et arriva au puits.

Le vieillard prit dans ses mains débiles la corde aux deux extrémités de laquelle se trouvalent deux seaux d'un poids égal et dont l'un remontait tandis que l'autre descendait.

Sir Archibald s'installa dans celui qui lui avait servi à descendre.

Puis le vieillard pesa sur la corde, et le seau remonta, emportant le faux Ma-Eddin et le ramenant des profondeurs où il était descendu, à la surface du sol et à la lumière.

CHAPITRE IX

Quand le seau s'arrêta au bord de la margelle du puits, le faux Ma-Eddin éprouva une indéfinissable sensation de bien-être.

Tel le ruisseau novice, revenant pour la première fois des profondeurs souterraines à la lumière du soleil.

Le soleil était loin encore cependant; mais les premières clartés de l'aube glissaient à l'horizon de cette triste plaine à laquelle Saint-Denis a donné son nom.

Sir Ma-Eddin sauta lestement à terre, puis il regarda autour de lui.

Un homme était assis à quelques pas, sur un pan de mur.

Cet homme riait d'un rire hébété et fredonnait par saccades un refrain d'*Orphée aux enfers*.

Sir Archibald reconnut son ex-rival Raymond de Mahédin.

Raymond était fou à lier ; mais de cette folie douce et contemplative qu'on rencontre chez les Orientaux abrutis par l'opium.

Sir Archibald le regarda froidement et constata chez lui tous les symptômes qu'il avait remarqués jadis chez son domestique John.

— Voilà un homme qui n'est plus dangereux, murmura-t-il.

Et il s'approcha.

Raymond leva sur lui un œil stupide et ne le reconnut pas.

Il continuait à rire et à chanter.

Sir Archibald le prit par le bras :

— Hé ! Raymond ! fit-il.

— Qu'est-ce que Raymond ? répondit le fou. Je ne le connais pas...

— Mais c'est toi, Raymond !

— Vous vous trompez, je suis Mahomet.

— Lequel ?

— Le prophète envoyé par Dieu pour prêcher la loi nouvellle aux croyants, répondit Raymond. Voulez-vous vous convertir ?

Sir Archibald riait à son tour, et de tout son cœur, ma foi!

— Oui, je ne demande pas mieux, dit-il, mais à une condition.

— Laquelle?

— C'est que vous viendrez avec moi.

— Où donc?

— Chez Asaléa.

— Je ne la connais pas, dit Raymond.

— C'est une de vos houris, cependant, ô prophète! murmura sir Archibald d'un ton railleur.

Et il le prit sous les bras et le força à se lever.

Raymond obéit avec la docilité d'un enfant.

— Venez, reprit sir Archibald.

Et il l'entraîna hors de cette cour, dans laquelle ils avaient pénétré par une brèche quelques heures auparavant.

Le sol était humide et glissant.

Raymond trébuchait comme un homme ivre, mais sir Archibald le soutenait.

Et tout en cheminant, en proie à son premier accès de folie, Raymond disait :

— Il fait meilleur à marcher dans le paradis que sur la terre. Et puis le ciel est bleu, au lieu d'être gris, et il ne pleut jamais. Il faudra que je change tout cela.

Et, frappant sur l'épaule de sir Archibald, il ajouta :

— Veux-tu être mon disciple?

— Je le veux, répliqua le traître.

— Tu monteras à tour de rôle mon âne et mon mulet, poursuivit Raymond.

Puis il tomba dans une rêverie profonde et ne dit plus rien pendant quelques minutes.

Mais comme sir Archibald pressait le pas, il le suivit sans résistance et ils arrivèrent ainsi dans la chaussée Clignancourt.

Montmartre est, par excellence, le quartier des voitures de remise qu'on désigne sous le nom pittoresque de *marrons*.

Cheval étique, voiture crottée, cocher malpropre, le tout ne sort que la nuit, stationne dans les gares de chemin de fer, insulte les passants attardés qui veulent aller à pied, et sillonne au petit jour encore les quartiers les plus excentriques.

Une de ces voitures passait à vide dans la chaussée.

Sir Archibald fit un signe au cocher, qui s'arrêta.

Le cocher regarda Raymond en clignant de l'œil.

— Voilà un bourgeois qui est joliment *pris*, dit-il à Archibald.

— C'est vrai, répondit l'Anglais.

Il fit monter Raymond dans la voiture, et s'y installa auprès de lui.

— Où faut-il vous conduire, bourgeois? demanda le cocher.

— Rue du Helder, 19, répondit sir Archibald.

C'était là que l'Anglais occupait un coquet entresol de garçon.

Pendant que Raymond marchait, tout à l'heure, en proie à la rêverie hébétée, sir Archibald avait beaucoup réfléchi.

— J'eusse été un bien grand fou moi-même, se disait-il, si j'avais tué Raymond. Asaléa m'aurait abhorré. Je sais bien que la haine est le chemin de l'amour quelquefois ; mais c'est un chemin un peu long, et j'ai trouvé le plus court, si je dis que j'ai rencontré Raymond idiot sur le boulevard, à quatre heures du matin.

En sortant de mon cercle, personne ne me démentira.

Je vais le ramener à Asaléa; ce sera une bonne présentation.

La voiture descendit vers Paris, prit la rue

des Martyrs et la rue Saint-Lazare, et, moins de vingt minutes après, sir Archibald arrivait à sa porte.

Alors sautant lestement à terre et laissant Raymond dans la voiture, sir Archibald referma la portière et dit au cocher :

— Veillez à ce qu'il ne descende pas. Je reviens dans dix minutes, et nous le conduirons chez lui.

Sir Archibald avait ses raisons pour monter chez lui.

Il voulait changer de linge et de vêtements, car il était, comme Raymond, couvert de boue.

Le baronnet n'était pas homme à se présenter à une femme comme Asaléa avec une toilette fripée.

En outre, il fallait bien qu'il eût l'air d'avoir rencontré Raymond par hasard.

Il grimpa donc rapidement, après que la porte se fut ouverte à son coup de sonnette, les vingt marches qui le séparaient de son entresol, entra chez lui sur la pointe du pied pour ne pas réveiller ses gens, et fit la toilette d'un homme qui, après être allé dans le monde le soir, a fini la nuit à son club.

Puis il redescendit.

Raymond n'avait pas bougé.

Enfoncé dans un coin de la voiture, il parlait tout seul et persistait à se croire Mahomet.

Il ne s'aperçut même pas que sir Archibald remontait auprès de lui.

— Où allons-nous? demanda une seconde fois le cocher à sir Archibald.

— Aux Champs-Elysées.

— Quel numéro?

— Je ne sais pas, mais c'est à la grille d'un petit hôtel en briques rouges.

— Chez madame Asaléa?

— Justement.

— Merci bien, dit le cocher, je n'y vais pas.

— Pourquoi donc?

Et sir Archibald regarda l'automédon malpropre avec étonnement.

— C'est une femme qui porte malheur, dit le cocher.

Et il parut s'obstiner dans sa résolution.

CHAPITRE X

Sir Archibald se souvint alors de ce que lui avait dit Raymond la veille au soir : « Asaléa porte malheur ! Et ce n'est pas Asaléa, mais bien Aléa qu'elle se nomme. »

Comment ce cocher de remise pouvait-il lui répéter la même chose ?

— Mon ami, dit l'Anglais, je crois que vous êtes fou.

— Oh ! mais non, mon bourgeois, répondit le cocher. Je sais ce que je dis, allez ! je la connais depuis longtemps, la petite dame, et j'ai voituré trois hommes qui en étaient toqués et qui, tous, ont fait une triste fin.

Sir Archibald songea bien un moment, en

présence de cette résistance du cocher, à s'en aller jusqu'à la Maison-d'Or, où il aurait certainement trouvé une autre voiture; mais un sentiment de curiosité ardente le domina.

— Eh bien, dit-il, conduisez-moi seulement jusqu'au rond-point des Champs-Elysées.

— Ça, je veux bien, dit le cocher, mais je ne m'arrête pas devant la grille. Je sais ce que ça coûte.

Sir Archibald sortit de la voiture et monta à côté du cocher.

— Voyons, mon garçon, lui dit-il en lui glissant un louis dans la main, vous dites que Mme Asaléa porte malheur ?

— Oui.

— Comment cela ?

— Je vais vous dire, mon bourgeois, reprit le cocher qui ne demandait pas mieux que de conter sa petite histoire. Dans un temps, je passais la nuit à la porte du café Anglais. J'étais bien sûr de charger au petit jour.

Un matin, un beau jeune homme monte dans ma voiture et me dit, comme vous : Aux Champs-Elysées, chez Mme Asaléa.

Je pars. Le jeune homme était bien amoureux, croyez-moi ! Il tremblait d'émotion en sonnant, et il oublia de me redemander sa monnaie.

Huit jours après, j'étais encore à la porte du café Anglais.

Le même jeune homme me reprend. Seulement, il n'était pas seul cette fois. Deux messieurs l'accompagnaient, même qu'il y en eut un qui monta sur le siége à côté de moi.

L'autre avait sur ses genoux une petite boîte longue enveloppée dans un morceau de serge.

Cette fois, nous n'allions pas chez Mme Asaléa, mais bien au bois de Boulogne, et on me fit arrêter du côté d'Armenonville.

Il y avait déjà à cet endroit-là une autre voiture et trois autres messieurs.

Bon! me dis-je, je sais ce que c'est.

Ces six messieurs entrèrent dans le massif et dix minutes après j'entendis deux coups de pistolet.

Cinq minutes plus tard, on me rapportait mort dans ma voiture le brave jeune homme du café Anglais.

Cependant je ne m'imaginais pas encore que c'était la petite dame qui lui avait porté malheur, lorsque, en repassant devant l'hôtel, mon cheval s'abattit.

Cela me donna à réfléchir.

— Mais cela ne prouve pas grand'chose, interrompit sir Archibald.

— Oh ! reprit le cocher, ce n'est que la première histoire. J'en ai encore deux autres.

Et il allongea un coup de fouet à sa bique.

— Voyons, fit sir Archibald.

Le cocher reprit :

— Je conduisais souvent un auteur, un gros homme bien réjoui, ma foi ! et bon enfant. Il me donnait des billets de spectacle pour ma femme et les petits. Un jour qu'il nous avait fait cette politesse, nous allons à la Porte-Saint-Martin voir le *Pied-de-Mouton*.

Je m'installe au parterre. Qu'est-ce que je vois ? Mme Asaléa, avec un monsieur dans une avant-scène.

Le monsieur paraissait fort triste. Mme Asaléa riait. Vers le milieu du spectacle, le monsieur sort pour faire un tour au foyer.

Tout d'un coup il se fait un bruit d'enfer dans le théâtre, on crie, on va, on vient. Toute la salle se dresse. J'entends qu'on disait : Quel malheur ! Et comme tout le monde, je me précipite dans le foyer.

Le monsieur venait de tomber frappé d'une attaque d'apoplexie.

— Et de deux ! fit sir Archibald froidement.

— Ce n'est pas tout, reprit le cocher. En plein midi, un monsieur me prend sur le boulevard. Il était mis comme un prince. C'était un tout jeune homme qui ne parlait pas très-bien français. Il monte dans ma voiture. Mais quand il me dit qu'il va chez Mme Asaléa, je refuse de marcher. Alors il appelle un sergent de ville. Celui-ci me menace d'un procès-verbal. Je cède. Nous partons, et en traversant la place de la Concorde, mon cheval s'emporte. Nous versons contre un arbre des Champs-Elysées, et mon jeune homme tombe et se casse la cuisse. Il a fallu l'amputer, et il en est mort.

Vous pensez bien, acheva le cocher, que ce n'est pas engageant d'aller chez Mme Asaléa.

Comme il disait cela, la voiture entrait dans les Champs-Elysées.

— Tenez, mon bourgeois, ajouta-t-il, si ça ne vous faisait rien, je vous arrêterais là.

— Comme vous voudrez, dit sir Archibald.

Et il mit pied à terre.

Raymond s'était endormi, vaincu sans doute par la fatigue physique.

Mais le mouvement sec de la voiture qui s'arrêtait le réveilla.

— Allons, lui dit sir Archibald, viens-tu ? prophète.

Et il le fit descendre.

Mais Raymond n'était plus prophète. Sa folie avait changé de rêve.

Raymond se croyait condamné à mort et disait :

— Je jure que je suis innocent. Néanmoins, je suis prêt à marcher à l'échafaud et vous verrez que je ne crains pas la mort.

Sir Archibald l'entraîna.

Tandis qu'ils remontaient les Champs-Elysées, Raymond continua à divaguer. Il s'étonnait que, condamné comme parricide, on ne lui eût pas mis un voile noir sur la tête.

Sir Archibald ne répondait pas.

Ils arrivèrent ainsi à la grille du petit hôtel où, sans doute, la belle Aléa dormait encore dans sa sombre alcôve capitonnée.

Sir Archibald sonna.

Et tandis qu'il sonnait, Raymond lui dit :

— Où est donc l'échafaud? je ne le vois pas....

— Oh! il est bien fou, murmura l'Anglais qui avait peine à contenir sa joie infernale; il ne reconnaît pas même la porte de cette maison où il a laissé son cœur tout entier.

Mais comme la grille de l'hôtel s'ouvrait devant eux, sir Archibald fut pris subitement d'un étrange malaise, une sueur froide baigna son front, il chancela un moment sur ses jambes, et s'arrêtant il murmura :

— Raymond et le cocher auraient-ils dit la vérité, et cette femme porterait-elle réellement malheur ?

CHAPITRE XI

Aléa dormait encore...

Oh! la mignonne chambre à coucher, dans laquelle pénétrait un premier rayon de l'aube matinale!

Elle était tendue de lilas tendre, presque gris, encadré par des baguettes d'argent.

Les meubles étaient d'ébène avec des incrustations de bois de rose.

Le sol, jonché d'un tapis de Smyrne, eût étouffé le pas le plus lourd.

Et que de merveilles artistiques entassées avec un désordre plein d'art sur les bahuts, sur les dressoirs, accrochées au mur, entassées dans les coins! Ici des bronzes, là des coupes d'onyx et d'agate ; sur cette étagère, des chinoiseries enlevées au palais d'été ; en pleine lumière, en face des croisées, un Zurbaran superbe.

Et de vieux Sèvres pâte tendre, et des Saxes presque introuvables ! et devant le lit, dont les rideaux étaient **hermétiquement** clos, une peau de jaguar tué par un homme qui s'était tué lui-même de désespoir, un soir qu'elle avait passé près de lui ses beaux sourcils froncés !

Elle dormait, comme on dort au théâtre, à demi vêtue, enfouie dans les malines d'un peignoir, sur une courtine de même étoffe que celle qui tendait le mur de sa chambre à coucher.

Elle était rentrée à deux heures du matin.

Ses deux camérières, blondes et mignonnes comme des bergères de Watteau, l'avaient déshabillée.

Puis elle s'était assise au coin du feu, faisant danser au bout de son pied nu sa mule mignonne de satin pourpre, et elle avait oublié l'heure qui marche et le monde qui tourne, en laissant errer sur ses lèvres roses un nom prononcé si bas, que son cœur seul l'avait entendu :

— Raymond !

Puis ses yeux s'étaient clos à demi, et un sommeil si transparent qu'on eût dit un rêve de matin s'était emparé d'elle.

Alors, se levant d'un pas un peu inégal et comme somnambulique, elle avait gagné son alcôve sans interrompre son rêve, sans rouvrir ses beaux yeux.

Et le matin était venu, et le nom aimé glissait toujours sur sa bouche entr'ouverte :

— Raymond !

Et comme elle dormait ainsi, un coup de cloche l'arracha brusquement à cette vie du songe qui est peut-être la meilleure.

Elle se dressa vivement et se laissa glisser sur le tapis, et du tapis à la fenêtre, dont les persiennes étaient entr'ouvertes.

Qui donc sonnait à cette heure matinale ?

Aléa, selon les uns, Asaléa selon les autres, paraissait avoir vingt ans.

Grande, mince, d'une blancheur éclatante, elle avait des yeux d'un bleu sombre et des lèvres d'un rouge vif.

Ses cheveux noirs avaient de ces reflets bleuâtres qui rappellent l'aile du corbeau.

Ses pieds et ses mains étaient des merveilles de grâce et de petitesse.

Il y avait deux femmes dans Aléa.

L'une qui souriait et dont le sourire enivrait comme une promesse du ciel.

L'autre qui parfois fronçait ses noirs sourcils, et dont le regard acquérait tout à coup une expression étrange et fatale.

D'où venait-elle ?

Raymond avait dit la vérité. Nul ne le savait.

Qui aimait-elle ?

Peut-être celui dont le nom lui était échappé pendant son sommeil.

Et quand ce coup de cloche qui annonçait l'arrivée d'un visiteur l'eut contrainte à s'approcher de la croisée et à étirer ses beaux bras encore engourdis par le sommeil, le sourire que le nom de Raymond avait laissé sur ses lèvres disparut, et son regard retrouva sa fatale et mystérieuse expression.

Deux hommes traversaient la cour.

L'un deux, elle le reconnut sur-le-champ, et un éclair jaillit de sa prunelle sombre.

C'était sir Archibald — un ami de Raymond — un homme qui lui inspirait une invincible antipathie.

L'autre, c'était Raymond lui-même.

Mais Raymond couvert de boue, fripé, comme s'il eût soutenu quelque lutte nocturne...

Raymond qui marchait d'un pas inégal, promenant un regard plein d'égarement autour de lui et souriant d'un air hébété.

Et Aléa fut prise d'un sombre et terrible pressentiment.

Elle se précipita hors de sa chambre, ramenant les plis de son peignoir, insoucieuse de son pied nu dont le bout seul disparaissait dans ses mules, et elle courut à la rencontre de ces deux hommes qui pénétraient chez elle avant le premier rayon de soleil.

Ils se trouvèrent face à face avec elle au haut de l'escalier.

Raymond disait :

— Les marches de cet échafaud ne finissent plus. C'est mourir deux fois que faire un pareil trajet.

Et il regarda Aléa avec son œil égaré et ajouta :

— Est-ce que vous êtes le bourreau ?

Aléa s'était arrêtée stupéfaite.

— Madame, lui dit sir Archibald, je sais que vous vous intéressez à mon malheureux ami. Est-il ivre ? est-il fou à lier ? je ne sais... Mais... voyez... je l'ai trouvé au milieu du boulevard des Italiens, dans l'état où vous le voyez...

Aléa jeta un cri.

— Mon Dieu! dit-elle, mais qui donc suis-je et de quel pouvoir mystérieux et fatal suis-je donc investie, que tout ce qui m'aime et m'entoure soit réservé à une fin fatale?

Et, sous le regard d'Aléa, sir Archibald se prit à frissonner comme s'il eût senti passer sur sa tête le souffle inexorable du destin.

CHAPITRE XII

Ils étaient là, tous les trois, une heure après, dans cette chambre à coucher où peut-être jamais un homme n'avait pénétré auparavant.

Raymond, avec la docilité d'un enfant, s'était laissé placer sur une bergère, et il continuait à rêver ce rêve étrange des fumeurs d'opium, kaléidoscope infini, féerie sans dénoûment pendant laquelle le décor change sans cesse; il n'était plus condamné à mort, il ne parlait plus d'échafaud.

Une autre fantaisie passait dans son esprit troublé :

— Pourquoi, disait-il, le Dieu unique, celui que je sers, m'a-t-il déjà rappelé dans son paradis ? S'il m'eût laissé sur la terre, j'aurais fait triompher sa cause.

Raymond était redevenu Mahomet.

Mais absorbé en lui-même, il ne voyait ni Aléa, ni sir Archibald.

Aléa et sir Archibald causaient.

L'Anglais savait jouer l'émotion, Aléa l'écoutait les yeux pleins de larmes.

Il avait édifié un petit roman aussi vrai que de l'histoire, en apparence.

Arrivé à son club, vers minuit, il avait appris que son ami Raymond, car Raymond était son ami et Aléa le savait, avait donné dans la soirée quelques signes précurseurs d'aliénation mentale.

Il était sorti un peu avant son arrivée, mais sir Archibald avait pensé qu'il reviendrait au club dans le courant de la nuit.

Au petit jour, il était sorti avec l'intention d'aller chez Raymond, et sa surprise avait été grande et douloureuse en trouvant son ami sur le boulevard, à l'angle de la rue du Helder, assis sur un banc et dans cet état d'abrutissement étrange où elle le voyait.

Aléa pleurait.

— Oui, dit-elle tout à coup, je porte malheur...

— Vous êtes pourtant bien belle, dit sir Archibald, à qui son amour insensé donna du courage. Vous êtes belle et vous devez être bonne.

— Je le crois, dit-elle.

— Comment donc vous pourriez vous attribuer le malheur qui nous arrive ?

Aléa regardait toujours Raymond.

Et, comme si Raymond eût subi l'influence magnétique de ce regard, il ferma les yeux et s'endormit.

Aléa reprit à voix basse :

— N'en doutez pas, je porte malheur... et depuis longtemps...

Il y avait un tel accent d'effroi et de conviction en même temps dans ces paroles, que cette conviction et cet effroi passaient dans l'âme de sir Archibald.

— Vrai, dit-il, vous croyez sérieusement exercer une fatale influence ?

— Oui.

— Sur qui ?

— Sur quiconque m'aime.

Sir Archibald tressaillit et son cœur battit un peu plus vite.

Mais son visage demeura impassible.

— Mais vous ne portiez pas malheur dans votre enfance ? dit-il.

— Je n'ai pas eu d'enfance.

Et comme il la regardait avec stupeur :

— Je ne sais, dit-elle, ni qui je suis, ni d'où je viens.

Sir Archibald la regarda, puis il regarda Raymond endormi, puis son œil effaré se reporta sur Aléa et il se posa cette question :

— Elle aussi serait-elle folle?

Aléa devina ce qu'il pensait.

— Vous pouvez ne pas croire ce que je vais vous dire, reprit-elle, vous pouvez même croire que je suis en proie à une monomanie singulière, mais écoutez bien...

— Voyons, fit sir Archibald.

— Je me suis éveillée là, pour la première fois, dans cette chambre. Avant, je n'avais jamais vu la lumière du soleil, ni les arbres, ni les prés verts. Avant, le monde civilisé, aussi bien que le monde sauvage, n'existaient pas pour moi.

On m'a dit que les hommes venaient au monde enfants; moi, j'avais vingt ans en naissant....

Et comme l'étonnement de sir Archibald était au comble.

— Il y a six mois de cela, dit-elle. Le printemps souriait quand mes femmes de chambre ouvrirent mes fenêtres.

J'étais là, couchée dans cette alcôve, enveloppée dans un peignoir comme celui-ci.

Au chevet de mon lit, je vis un vieillard.

Un vieillard d'aspect sévère et qui, cependant, me regardait avec amour.

— Mon enfant, me dit-il, pour la première fois vous allez réellement vivre.

Et il est de fait, dit Aléa en souriant, que je respirais à pleins poumons la brise embaumée qui m'arrivait du jardin.

Il reprit :

— Vous êtes née folle, vous avez été folle jusqu'à ce jour; vous ne pouvez avoir conscience de votre vie passée. Mais vous êtes maintenant une créature raisonnable, une femme accomplie de tous points. Vous savez l'anglais, l'espagnol, l'allemand, toutes les langues vivantes, en un mot; vous êtes musicienne, vous peignez. La femme la plus élégante de Paris, cette capitale de l'univers, ne saurait rien vous apprendre dans l'art merveilleux et perfide de la toilette.

Ce soir je vous mènerai aux Italiens, et en vous voyant la salle éblouie croira voir une déesse.

Et cet homme avait raison, acheva Aléa.

Je savais tout, sans avoir rien appris ; tout, hormis une chose.

— Laquelle ?

— Ce que j'ai été, ce que j'ai pu être dans le passé.

— Etrange! murmura sir Archibald.

Elle poursuivit :

— Cet homme, ce vieillard, qui m'appelle sa nièce, est pour moi plein de tendresse et de sollicitude. C'est lui qui a monté ma maison et mes écuries ; c'est lui qui remplit chaque soir un coffret de pièces d'or, dans lequel je puise à pleines mains.

Mais quand il me regarde, je frissonne sous son regard, et lorsqu'il est parti, sans que je sache, du reste, où il va, j'éprouve un soulagement physique et moral que rien ne saurait rendre.

— Mais vous ne savez pas son nom ?

— Je l'ignore.

— Et quel est le pays où vous étiez quand vous étiez folle ?

— Je ne l'ai jamais été.

Cette fois sir Archibald fit un soubresaut sur son siége.

— Non, reprit Aléa, cet homme m'a menti. Je ne suis pas celle qu'il dit.

Et comme sir Archibald paraissait de plus en plus stupéfait, Aléa reprit en souriant :

— Cet hôtel a été acheté pour le compte du baron de Hoffstein, gentilhomme autrichien, il y a sept mois environ.

Le comte y est arrivé un soir, en chaise de poste, accompagné de l'homme dont je vous parlais tout à l'heure et d'une jeune fille de vingt ans.

Puis il est parti le lendemain, laissant la jeune fille qui paraissait privée de raison, à l'homme qui m'appelle sa nièce, et qui devait consulter toutes les célébrités médicales aliénistes.

Un domestique amené de Vienne est resté auprès de la jeune fille.

Celui-là la connaissait depuis son enfance.

— Mais cette jeune fille, c'était vous, dit sir Archibald.

— Non, répondit froidement Aléa. J'ai été substituée à la jeune fille dont vous parlez.

— Mais quand.... mais comment ?

— La nuit de sa mort.

Cette fois sir Archibald se leva et, de nouveau, il frissonna sous le feu sombre des yeux d'Aléa, et le mot de destinée effleura ses lèvres.

CHAPITRE XIII

Aléa s'exprimait avec tant de calme et de précision que, malgré le fantastique de son récit, sir Archibald se laissait aller à un sentiment de sympathie, qui ressemblait à de la crédulité.

Aléa reprit :

— Le soir même de ma naissance — car en admettant que je fusse la vraie Asaléa de Hoffstein, c'était vivre pour la première fois que recouvrer la raison — ce soir-là, dis-je, le domestique allemand entra dans ma chambre et me dit :

— Le major aura beau dire, vous n'êtes pas Asaléa.

— Qu'est-ce qu'Asaléa? demandai-je.

— C'est la fille de mon maître. Pour tout le monde, c'est vous.

— Et... pour vous...?

— Pour moi, c'est son corps... mais ce n'est pas son âme...

Je ne comprenais pas. Il poursuivit :

— Mlle Asaléa est morte l'autre nuit, bien morte. Je lui ai fermé les yeux et j'ai senti son âme passer au travers de ses lèvres et remonter vers le ciel.

Le major a eu beau me dire qu'elle n'était qu'en léthargie, moi je savais bien qu'elle était morte... là... dans ce lit où vous allez vous coucher...

— Eh bien?

— Au matin, le corps inerte a retrouvé une vie factice, les yeux se sont ouverts, le cœur a battu; mais c'était une autre âme qui habitait le corps de Mlle Asaléa.

— Et ce corps, où est-il? demandai-je encore.

— C'est celui qui est le vôtre maintenant.

Et comme je le regardais :

— Vous êtes quelque démon, me dit-il. Jamais la vraie Asaléa n'a regardé ainsi. Vous avez des yeux qui brûlent. Adieu... Je ne veux pas servir une créature d'enfer... Et il fit un signe de croix et s'en alla.

L'homme qui m'appelle sa nièce et que le domestique allemand appelait le major, vint le soir du lendemain et ne parut pas s'étonner de ce brusque départ.

Depuis, il ne m'en a jamais reparlé.

— Mais, dit sir Archibald, jusqu'à présent je ne vois pas à qui vous avez porté malheur.

— A tous ceux que ma beauté a impressionnés et qui m'ont aimée.

— Et vous, avez-vous aimé quelqu'un déjà ?

Elle soupira et ses yeux s'emplirent de nouveau de grosses larmes.

Elle regardait Raymond qui dormait toujours et, dans son sommeil, avait un sourire idiot sur les lèvres.

— Et si je vous aimais, moi ? fit sir Archibald.

— Vous !

— Moi.

Une métamorphose subite s'opéra chez Aléa.

Ses larmes se séchèrent comme par enchantement ; son regard devint acéré et brillant comme une pointe d'acier ; un rire fatal entr'ouvrit ses lèvres et mit à nu ses dents blanches, aiguës comme celles des carnassiers.

— Vous! vous! répéta-t-elle.

Et se levant avec une froide dignité, elle lui montra la porte.

Son geste était impérieux, magnétique, terrible.

Son œil avait des rayonnements semblables aux fauves éblouissements de la foudre.

Il y avait dans tout son être, à cette heure, quelque chose de surhumain et de dominateur qui justifiait son étrange histoire.

Et sir Archibald effrayé se leva.

Et s'étant levé, il recula d'un pas.

Et comme il reculait, Aléa fit un pas en avant, le doigt toujours étendu vers la porte.

Et sir Archibald recula jusqu'à cette porte.

Et tout à coup, il sortit précipitamment, en baissant la tête, comme un démon chassé du paradis par un archange.

Alors Aléa redevint la femme de tout à l'heure. Tout son corps trembla, ses larmes taries se reprirent à couler, et elle vint s'agenouiller devant la bergère sur laquelle le fou dormait toujours.

— Raymond!..... Raymond!..... murmura-t-elle d'une voix brisée.

Mais le fou murmura quelques paroles incohérentes et ne rouvrit pas les yeux.

Et comme Aléa se tordait les mains de désespoir, un homme entra dans la chambre, le sourcil froncé, l'œil sévère, mais un sourire railleur et cruel aux lèvres.

Et voyant cet homme, Aléa demeura courbée et toute frémissante sous son regard.

C'était le vieillard à qui le domestique allemand avait donné l'épithète de major.

— Vous l'aimez donc bien ? dit-il d'un ton railleur.

— Si je l'aime ! fit-elle.

— Il est fou, pourtant.

— Ah !.. vous savez ?...

— Je sais tout.

Un sentiment de révolte s'empara de l'âme ulcérée d'Aléa :

— Ah ! vous savez tout ? dit-elle.

— Oui.

— Eh bien ! parlerez-vous, enfin ?

— Que désirez-vous savoir ?

— Qui vous êtes d'abord.

— Je suis votre oncle. Et puis ?

— Qui suis-je moi-même ?

Le vieillard haussa les épaules.

— Il me plaît de garder mon secret, dit-il.

Aléa devint furieuse, et, pour la première

fois peut-être, ce fut au tour du vieillard à se courber sous son œil en feu.

— Oui, reprit-elle, je veux savoir ma destinée ; je veux savoir d'où je viens, où je vais ; quelle est ma mission et pourquoi tout ce qui m'approche finit mal.

Vous avez ce secret, vous ne le garderez pas !

Le vieillard continuait à rire en haussant les épaules.

Et Raymond dormait toujours.

Il y avait sur la cheminée un poignard, — un de ces stylets mignons, à manche de nacre et à lame finement trempée, qui sont le triomphe des armuriers italiens.

Agile comme une panthère, Aléa fit un bond et s'en empara.

Puis d'un autre bond elle se trouva devant la porte, brandissant le stylet et disant :

— Vous ne sortirez pas !

Le vieillard riait toujours.

— Vous ne sortirez pas que vous n'ayez parlé, dit-elle. Je le veux !

— Vous le voulez ?

Et l'accent du vieillard devint de plus en plus moqueur.

— Je l'ordonne ! répéta-t-elle.

— Après tout, dit-il, c'est votre droit; car vous êtes bien nommée, Aléa. Vous portez votre vrai nom. Vous êtes la destinée... et puisque vous voulez savoir... Eh bien, sachez!

Il se passa alors quelque chose d'étrange; un léger brouillard envahit la chambre et sembla se condenser autour du vieillard.

Ses traits nettement accusés devinrent vagues et indécis, le brouillard s'épaissit autour de lui, et on eût dit, au bout de quelques secondes, d'une vague silhouette estompée par la pluie.

En même temps, Aléa fut prise d'une faiblesse singulière.

Ses tempes battirent, le mouvement de son cœur s'arrêta; le froid la prit aux extrémités; à mesure que le brouillard montait, le vieillard s'effaçait comme une ombre, et Aléa sentait sa tête s'endormir.

Enfin le brouillard devint si épais que le vieillard disparut.

Mais alors une voix se fit entendre, — la voix calme et dominatrice du magnétiseur.

— Dormez et voyez! disait-elle.

Et Aléa s'affaissa inanimée sur le parquet.

. . . .

CHAPITRE XIV

Le corps d'Azaléa, la pauvre folle qui était née en quelque vieux bourg de la vieille Autriche, avait donc repris l'immobilité de la mort.

Mais l'âme qui avait remplacé celle de l'Allemande, cette âme mystérieuse et peut-être d'origine infernale, qu'on avait substituée à la première, veillait dans ce corps privé de sentiment.

Et voici ce qu'elle vit :

Elles sont là toutes trois, les sœurs aux bras nus et aux verts cheveux, nonchalamment étendues sur une fraîche natte tressée d'ajones marins, au fond de ce palais de marbre et de porphyre que le Destin habite et au-dessus duquel l'Océan roule ses flots tumultueux.

Elles sont là les trois sœurs que les poëtes ont dépeintes vieilles et laides, avec des cheveux blancs et des mains décharnées, filant et coupant tour à tour le fil des humains.

Elles sont belles, au contraire, belles et pures comme ce qui ne saurait vieillir, les filles éternelles de l'éternel Destin.

Clotho a laissé un moment sa quenouille, Lachésis a reposé l'écheveau de fil dans le dévidoir, et à demi couchée, tenant dans une de ses petites mains son pied nu, Atropos joue de l'autre avec les fatals ciseaux.

Et toutes trois de deviser et de chuchoter à voix basse, comme chuchotent et devisent trois jeunes filles de la terre qui parleraient de leurs amours. Clotho a relevé les flots abondants de sa chevelure, puis étirant ses beaux bras, elle murmure :

— Ah! n'êtes-vous point comme moi, mes sœurs ? Je m'ennuie...

— A mourir, si nous étions mortelles, dit Lachésis.

— Moi, dit Atropos, je voudrais aller sur la terre.

— Et pourquoi donc, ma mignonne? demanda Clotho.

— J'ai besoin d'aimer.

— Quest-ce que cela? exclama Lachésis.

— Aimer! dit Clotho rêveuse, c'est peut-être plus amusant que ce que nous faisons ici.

— Il est certain, répond Lachésis, que notre besogne est fastidieuse. Nous passons le temps à tisser un fil, puis à le couper.

— Et ce fil, dit Lachésis; c'est la vie d'un être humain.

— Et moi, je le coupe, dit Atropos, et quand le fil est coupé, l'homme meurt. C'est révoltant.

— Pourquoi?

— Mais parce que sans nul doute je tue indistinctement de grands criminels et des hommes vertueux qui mériteraient de vivre encore.

Et d'un geste dédaigneux, avec une petite moue d'enfant gâtée, Atropos jette ses ciseaux.

Mais les ciseaux en tombant sur les dalles de marbre ont produit un bruit.

A ce bruit, un vieillard qui sommeillait dans un coin de la salle,—un vieillard qui porte de grandes ailes décharnées, et dont les mains amaigries tiennent une faux,—s'éveille grondeur et maussade.

— Ah! paresseuses! dit-il, est-ce ainsi que vous trompez ma surveillance?

— Mon père, balbutia Clotho, nous nous reposons un moment.

— Vous n'avez pas le droit de vous reposer, dit sévèrement le vieillard.

— Mais, dit Lachésis en reprenant, avec un soupir, le fil qui pendait à terre tout à l'heure, ce fil est encore trop court.

— Vous croyez? ricana le vieillard. Filez toujours, ma mignonne.

— Soit, dit Atropos, j'ai le temps d'attendre.

— Ah! vous croyez? dit encore le vieillard.

— Est-ce la vie d'un homme ou celle d'une femme que nous tissons en ce moment? demanda Clotho.

— C'est la vie d'un homme.

— Est-il beau? fait la sentimentale Atropos.

— Très-beau, répond le vieillard.

— Raison de plus pour que ma sœur tisse lentement. Quant à moi, je veux me reposer...

— Vous n'en aurez pas le temps, dit le vieillard. Cet homme est condamné à mourir.

— Par qui?

— Par moi.

Mais Atropos n'a point ramassé les ciseaux.

Elle s'est dressée hautaine, et dans une attitude pleine de révolte elle s'écrie :

— Et si je ne veux pas moi !...

Le vieillard recula interdit. Atropos continua :

— Et si je ne veux pas tuer toujours, tuer aveuglément, qui donc m'y forcera ?

— Mon père, dit Lachésis d'un ton plus doux, excusez notre sœur si elle se révolte ainsi, c'est que d'étranges idées ont passé dans sa tête.

Le Destin regarde tour à tour ses trois filles et murmure :

— Jamais on ne m'a résisté.

Clotho dit à son tour :

— Atropos nous a dit tout à l'heure qu'elle voudrait aimer... je crois qu'elle se figure les mortels plus beaux qu'ils ne sont; car nous qui filons leur existence, nous ne les avons jamais vus.

— Je veux voir, avant de tuer, dit Atropos.

— Qu'il soit fait comme tu le désires, répond le vieillard. Regarde !

Et sur un signe du Destin, le fond de la salle s'est ouvert, et une glace immense reflète un coin de la terre.

La terre sur laquelle Atropos n'est jamais

montée, et qui est l'objet de ses ardentes convoitises.

Elle voit alors un riant paysage : c'est la Suisse.

Au lointain, le glacier cache à demi dans la brume sa couronne de neige ; plus près, c'est la vallée verte et le lac sans rides, bleu comme l'azur du ciel, et le chalet au toit rustique, et la grande prairie au milieu de laquelle paît un troupeau de vaches rousses.

Le soleil n'est pas encore levé, l'horizon est pourpre : c'est une belle matinée d'été.

Et tandis qu'Atropos fascinée regarde curieusement ce spectacle nouveau pour elle, la porte du chalet s'est ouverte.

Deux hommes en sortent.

L'un d'eux porte des épées sous son bras.

Ils cherchent un coin de la prairie, jettent autour d'eux un coup d'œil prudent.

Ils sont seuls.

Alors tous deux mettent habit bas, puis ils croisent le fer, et leurs yeux échangent un éclair de haine.

— Ah ! dit Atropos en détournant les yeux.

Sur un nouveau signe du Destin, tout a disparu subitement, et le coin de la Suisse, et la pelouse verte, et les deux hommes qui jouaient leur vie.

— Allons ! ma fille, dit le vieillard en ricanant, prenez vos ciseaux, voici de la besogne.

Mais Atropos ne bouge pas.

— Je ne veux pas, dit-elle.

— Ah ! tu ne veux pas !

— Non.

Un rire terrible passe dans la gorge du vieillard.

— Eh bien, dit-il, tu tueras malgré toi... et sans le vouloir... et sans t'en douter... et non plus ici, comme par le passé... mais sur la terre où je t'exile... et où quiconque t'aimera mourra... va !...

Et d'un souffle, le Destin a renversé Atropos inanimée à ses pieds.

Et les deux autres Parques épouvantées se sont remises à l'œuvre, car on ne résiste pas au Destin.

....

Et lorsqu'Aléa sortit de sa léthargie, elle se souvint de ce rêve étrange et murmura :

— Je sais donc qui je suis, maintenant !

Le vieillard qu'elle appelait « mon oncle » avait disparu.

Raymond ne dormait plus.

Raymond divaguait en la regardant.

Et la jeune femme au pouvoir mystérieux, le contemplant avec amour, murmura :

— C'est bien toi que j'ai vu dans mon rêve, toi qui allais te battre et dont je n'ai pas voulu trancher les jours...

Maintenant que la folie t'étreint, tu ne m'aimeras plus.

Et tu ne mourras pas...

Mais je puis t'aimer, moi !...

Et elle s'approcha du pauvre insensé, et appuya ses lèvres brûlantes sur son front.

CHAPITRE XV

Trois jours se sont écoulés.

Sir Archibald n'est pas revenu, ni le major non plus.

Raymond est toujours chez Aléa.

Sa folie est douce, calme, contemplative ; il se croit en Orient ; il parle du Liban et du vieux moine, mais il ne peut se rappeler pourquoi le vieux moine l'a fait venir.

Puis il revient à son étrange manie, qui consiste à croire qu'il est le prophète Mahomet.

Et puis il s'endort en murmurant des mots entrecoupés, et, lorsqu'il est endormi, le bonheur d'Aléa commence.

Alors, fermant les portes au verrou pour

qu'aucun de ses gens ne la vienne déranger, elle s'agenouille auprès de Raymond et le contemple.

— Ah ! dit-elle quelquefois, les yeux pleins de larmes, maintenant que je sais qui je suis, je ne veux pas que tu meures ; je ne veux pas que tu m'aimes..., et tant que tu seras fou tu ne m'aimeras pas.

Depuis trois jours Aléa n'est point sortie.

Elle a consigné tous ses visiteurs.

Comme le dragon qui garde un trésor, elle veut vivre seule avec son Raymond bien-aimé.

Elle l'aimera, comme une mère aime son enfant.

Le major s'est présenté plusieurs fois, mais il n'a pas été reçu.

Et il s'en est allé en souriant et disant :

— Je reviendrai demain.

Or la nuit du troisième jour est venue.

Raymond dort, Aléa est toujours seule.

On sonne à la grille. Aléa tressaille et s'approche de la fenêtre.

A la clarté du réverbère placé dans la cour, la jeune femme voit deux hommes se diriger vers le perron et elle tressaille.

L'un est le major, l'autre lui est inconnu.

Pour la première fois, depuis trois jours, Aléa se sent ébranlée dans sa résolution de ne recevoir personne. Une sorte de curiosité invincible la domine.

Elle sonne et lève la consigne qu'elle avait donnée.

Le personnage qui accompagne le major, est un homme d'environ quarante ans, au front large et dégarni, à l'œil profond, à la taille légèrement voûtée.

Son teint bistre annonce une origine orientale. Il doit appartenir aux races du Caucase ou de l'Océanie.

Aléa s'est précipitée à la rencontre du major. Elle ne veut pas que celui-ci pénètre dans cette chambre où elle garde Raymond.

C'est dans le salon de l'hôtel qu'elle le reçoit.

— Ma chère enfant, dit le major, vous savez combien je vous aime...

Aléa tressaille et ne répond pas.

— Je vous aime, poursuit le major, et je m'intéresse à tout ce que vous aimez. C'est pourquoi je vous ai amené monsieur.

Aléa regarda l'inconnu avec un redoublement de curiosité.

L'inconnu s'incline et le major poursuit :

— Monsieur est le célèbre docteur arménien Ali-Kan.

— Mais, dit vivement Aléa, je ne suis pas malade et n'ai nul besoin de médecin.

— Attendez, continue le major en souriant. Le docteur qui est à Paris depuis six mois a opéré des cures merveilleuses ; il a pour guérir la folie des secrets merveilleux. L'homme que vous aimez est fou...

Mais Aléa répond froidement :

— Je ne veux pas qu'on le guérisse !

Et comme le major et le docteur Ali-Kan se regardent avec étonnement, Aléa poursuit d'une voix brève et résolue :

— Je sais qui je suis, maintenant.

— Mais, dit le major, vous l'avez toujours su. Vous êtes ma nièce et vous vous nommez Asaléa de Hoffstein.

— En êtes-vous bien sûr ?

Et, cette fois, Aléa soutient le regard du major, éclair pour éclair.

— Mais... sans doute... j'en suis sûr...

Aléa se prend à sourire avec amertume :

— Puisque vous êtes mon oncle, dit-elle, vous me connaissez et savez que je suis capricieuse.

— Eh bien ?

— Je veux vous entretenir seul à seul, un moment.

— Comme vous voudrez.

— Mille excuses, monsieur, dit Aléa en invitant le docteur à s'asseoir.

Puis elle prend le major par la main et l'entraîne dans un petit boudoir qui se trouve à l'autre extrémité du salon.

Alors, fermant la porte et regardant fixement le major :

— Oui, dit-elle, je sais qui je suis. Vous n'êtes pas mon oncle, mais mon père, et vous vous appelez le Destin.

Et elle lui raconta sa vision étrange, et le major l'écouta en souriant.

— Ma chère belle, dit-il enfin, vous avez été folle pendant toute votre enfance et je crains que vous n'ayez une rechute.

J'avais amené le docteur pour l'homme que vous aimez, mais je crois qu'il peut faire d'une pierre deux coups et vous donner en même temps une petite consultation.

— Ah! vous raillez? s'écrie Aléa.

— Mais non... J'ai peur pour votre raison... puisque vous prenez un rêve pour la réalité... Je reviendrai vous voir demain, et j'espère que vous consentirez d'ici là à faire soigner

17.

M. Raymond de Mahédin. En même temps, le major rouvre la porte du boudoir pour rejoindre Ali-Kan.

Mais Aléa pousse un cri.

Ali-Kan n'est plus seul dans le salon.

Un homme l'a rejoint — c'est Raymond.

Le pauvre fou, qui tout à l'heure sommeillait, est sorti un moment de sa torpeur morale et physique, et ne voyant plus Aléa à la vue de laquelle il commence à s'accoutumer, il est sorti de la chambre où elle l'avait laissé.

Puis, rentrant dans le salon, il est allé s'assoir auprès d'Ali-Kan et le regarde avec curiosité.

Ali-Kan l'examine avec cet œil calme et investigateur de l'homme qui a l'habitude de juger ses semblables.

Et comme Aléa, reparaissant en ce moment, s'est arrêtée frémissante au seuil du salon, le médecin arménien lui dit :

— Madame, la folie de ce jeune homme est une folie orientale, la plus terrible de toutes. Elle est presque inguérissable.

— Ah ! dit Aléa qui respire.

— C'est la folie opiacée ; elle arrive après un long usage du haschich.

— Je crois que vous vous trompez, dit Aléa.

— A moins qu'elle n'ait été déterminée par l'emploi foudroyant d'une préparation que seul possède un médecin de Constantinople. S'il en est ainsi, le jeune homme a dû devenir fou en quelques secondes, après avoir fumé un cigare confectionné par ce médecin-là !

Un soupçon, à ces paroles, traverse l'esprit d'Aléa.

Elle sait que sir Archibald a longtemps vécu à Constantinople.

Elle se souvient que le baronnet a osé lui parler d'amour.

Dès lors Aléa devine tout. La folie du pauvre Raymond est l'œuvre du traître Archibald.

— Et vous dites que cette folie est inguérissable, monsieur? dit-elle.

— Je ne lui connais qu'un remède.

— Lequel?

— L'amour.

Aléa jette un nouveau cri.

— Oh! mon Dieu! dit-elle, jetant un regard éperdu sur le major, mais s'il en est ainsi, il ne faut pas qu'il reste ici... Il ne faut pas qu'il me voie...

Et folle de terreur elle s'écrie :

— Sortez! sortez tous les deux !

CHAPITRE XVI

Qu'était-ce que le médecin arménien Ali-Kan?

Il y avait six mois qu'il était à Paris, et depuis six mois il avait opéré des cures si merveilleuses que sa réputation était devenue fameuse.

Jusqu'à l'âge de quarante ans Ali-Kan avait vécu dans son pays, exerçant sa profession modestement et ne songeant ni aux honneurs, ni à la fortune, ni à un voyage en Occident.

Son père, pauvre conducteur de caravanes, lui avait dit en mourant :

— Si bas que nous soyons tombés, n'oublie pas, mon fils, que nous sommes d'une grande race. Quand tu auras quarante années, car ce chiffre de ton âge correspond avec une date prédite depuis longtemps et impatiemment attendue, tu te rendras à Constantinople et tu iras dans le cimetière turc de Galata.

Là tu chercheras la tombe d'un Druse appelé de son vivant Ali-ben-Ali.

Sur cette tombe il y a une inscription en langue arabe qui te dira ce que tu dois faire.

Et au moment de rendre le dernier soupir, le vieux conducteur de caravanes ajouta :

— Ali-ben-Ali était le compagnon de Ma-Eddin le saint, et notre ancêtre à nous.

Ali-Kan était jeune lorsque son père mourut. Il avait à peine vingt ans.

Mais il n'oublia point sa recommandation, et pendant vingt autres années, tout en étudiant la médecine et devenant savant en l'art de guérir, il eut toujours présentes à l'esprit les dernières paroles du pauvre conducteur de caravanes.

Enfin, comme il avait quarante ans moins deux mois, un bâton à la main, un petit sac sur le dos, il se mit en route pour Smyrne.

Là il s'embarqua sur un bateau à vapeur qui faisait le service de Constantinople.

Le jour même de son arrivée dans cette dernière ville, il se rendit au cimetière de Galata et chercha longtemps avant de trouver.

La tombe de Ali-ben-Ali, le compagnon de Ma-Eddin le saint, était une des plus anciennes.

Ali-Kan la découvrit sous une touffe de cyprès et de nénuphars.

L'inscription arabe était à demi effacée. Cependant le médecin arménien parvint à la déchiffrer et en voici la traduction :

« Celui de mes descendants qui vivra en l'an 186. de l'ère chrétienne, devra se rendre en Occident, dans la capitale des Francs, et y rechercher les descendants d'un certain Kougli-Hassan.

« Ma-Eddin le saint l'a voulu ainsi. »

Cette indication était assez vague.

Néanmoins, plein de respect pour la volonté de ses ancêtres, Ali-Kan se mit en route.

Il avait serré dans une ceinture quelques piastres et une lettre de crédit d'un chiffre minime, sur une maison grecque de Marseille.

Un navire marchand qui n'avait pas de chirurgien à bord se chargea de le transporter gratis.

Quoique pauvre, Ali-Kan avait étudié chez

les maîtres les plus illustres d'Arménie. Il avait appris toutes les langues.

En arrivant à Marseille, il toucha le montant de sa lettre de crédit et partit pour Paris.

A Paris, ses ressources eussent été bientôt épuisées, s'il n'eût trouvé à exercer sa profession.

Un célèbre docteur qui tenait une maison de santé accepta ses services.

Paris aime les nouveautés étranges.

Un médecin turc devait avoir un grand succès, Ali-Kan fut bientôt célèbre.

Mais faire fortune n'était pas son but.

Religieux observateur de la tradition, Ali-Kan voulait retrouver les descendants de Kougli-Hassan.

Et il se servit d'un moyen tout à fait moderne et que, bien certainement, n'avait pas prévu Ali-ben-Ali son ancêtre, mort à la fin du 15° siècle.

Il s'adressa à la presse et fit publier dans tous les journaux cette annonce :

« Le docteur Ali-Kan désire savoir s'il existe à Paris des descendants d'un Druse appelé Kougli-Hassan, et qui vivait à la fin du 15° siècle. »

Trois jours après, le docteur vit entrer dans

son cabinet un vieillard à longue barbe qui lui dit :

— Je suis un des petits-neveux de Kougli-Hassan. Vous êtes venu, c'est bien. L'ombre de Ma-Eddin sera satisfaite.

— Mais qu'est-ce que Ma-Eddin? demanda Ali-Kan avec curiosité.

— Vous le saurez bientôt, car les temps sont proches. Le 17 novembre, au matin, vous serez convoqué.

Et le vieillard s'en alla, sans vouloir s'expliquer davantage.

Le 17 novembre n'arrivait que dans trois mois.

Ali-Kan continua sa profession et s'associa avec un célèbre docteur aliéniste.

Ce dernier avait sa maison de santé à Passy, rue de la Pompe.

Pendant ces trois mois, Ali-Kan accomplit des cures vraiment merveilleuses et acheva de devenir à la mode.

Enfin le 17 novembre arriva.

Une lettre dont l'adresse était en français et la teneur en langue arabe lui arriva par le premier courrier.

Ali-Kan annonça au docteur son associé que, pour une affaire tout à fait personnelle, il était obligé de s'absenter.

En effet, le soir il ne rentra pas.

Le lendemain on ne le vit point reparaître.

Le jour suivant, un vieillard qui fit passer sa carte, demanda à voir Ali-Kan.

La carte portait ce nom :

Le major Hoffstein.

Ali-Kan n'était pas rentré.

— Je reviendrai demain, dit le major.

En effet, le lendemain, vers le soir, Ali-Kan, qui paraissait brisé de fatigue, revint à la maison de santé.

Peu après le major arriva.

— Monsieur, dit-il au médecin arménien, j'ai besoin de vos lumières et de votre science pour un homme subitement frappé de folie.

Ali-Kan avait suivi le major.

On sait ce qui s'était passé.

En présence de l'obstination d'Aléa, Ali-Kan et le major avaient dû se retirer.

A la porte, le major lui dit en riant :

— Je connais ma nièce; elle est capricieuse. Demain, elle vous fera appeler.

Et ils se séparèrent.

Le jour suivant, Ali-Kan se promenait dans le bois de Boulogne, à la porte de Passy, lorsque deux personnages assis sur un banc, dans une allée solitaire, frappèrent son attention.

C'étaient un homme déjà vieux et une jeune fille.

L'homme, misérablement vêtu, gesticulait avec véhémence et parlait avec animation.

La jeune fille, qui était d'une merveilleuse beauté, regardait le vieillard avec tristesse.

Ali-Kan s'approcha et reconnut que l'homme était fou.

— Mademoiselle, dit-il à la jeune fille, c'est sans doute votre père?

— Oui, monsieur, dit-elle.

— Il parait bien surexcité.

— Hélas ! monsieur, répondit-elle, tandis que le vieillard regardait le docteur avec la curiosité particulière aux aliénés, il est devenu fou à la suite d'un grand malheur... et nous sommes si pauvres que je ne puis le faire soigner.

— Venez avec moi, dit le docteur Ali-Kan, je soignerai votre père et je le guérirai.

CHAPITRE XVII

Deux jours plus tard, une victoria attelée de deux superbes trotteurs s'arrêta à la grille de la maison de santé du docteur arménien.

Une femme en descendit, donnant le bras à un homme.

Non point que l'homme fût pour elle un appui.

Tout au contraire, on eût dit un enfant conduit par sa mère.

Cet homme et cette femme, on l'a deviné déjà, c'étaient Aléa et Raymond.

Le docteur était dans son cabinet lorsque les deux visiteurs arrivèrent.

Un des caractères de la folie de Raymond était une grande docilité.

Le pauvre être qui n'avait plus de volonté, subissait maintenant la volonté des autres, quels qu'ils fussent.

Aléa lui avait dit :

— Viens avec moi.

Et Raymond était monté dans la voiture, sans même demander où on le conduisait.

En pénétrant chez le docteur, Aléa lui fit un signe et le pauvre fou s'assit dans un fauteuil, puis ne parut plus s'apercevoir de la présence de celle qu'il avait tant aimée, et sa vie contemplative le reprit tout entier.

Quant au docteur, il s'était levé un peu étonné en voyant entrer Aléa.

— Docteur, lui dit-elle, pardonnez-moi ma conduite d'il y a deux jours, j'ai été folle un moment.

— Vous voulez donc qu'on le guérisse? demanda le docteur en souriant.

— Je ne sais pas; mais je vous l'amène...

Le docteur la regardait avec un étonnement profond; jamais peut-être Aléa n'avait été si belle, jamais son pouvoir mystérieux et fatal ne s'était laissé deviner plus facilement.

Le docteur fut frappé de ce regard profond aux effluves bizarres et dont le rayonnement n'avait quelquefois rien d'humain.

— Docteur, reprit-elle, expliquez cela comme vous voudrez, si toutefois la science peut expliquer un tel mystère, je porte malheur à ceux qui m'aiment.

— Je vous crois, madame.

Et l'accent du docteur était convaincu, et Aléa murmura :

— Ah ! je vois que vous me comprenez.

Puis après quelques minutes de silence, elle reprit :

— Si Raymond ne m'avait pas aimée, il ne serait point en l'état où il est.

— Eh bien ? fit le docteur.

— S'il guérit il m'aimera de nouveau, et alors j'ai la conviction qu'il mourra.

— C'est possible, madame.

— Or, poursuivit-elle, vous m'avez dit qu'il y avait un remède à sa folie.

— Oui, madame ; l'amour.

— Un fou peut-il aimer ?

— Sans doute.

— Eh bien, depuis deux jours une terreur s'est emparée de moi. Raymond lève parfois sur moi son regard hébété, et ce regard semble retrouver son intelligence, et il me semble qu'il va se souvenir.

— Cela pourrait arriver.

18.

— Et je ne veux pas qu'il me reconnaisse, reprit Aléa avec véhémence, et je ne veux pas qu'il meure! et si grand que soit le déchirement de mon cœur, je veux me séparer de lui.

— Madame, dit le docteur, je dois vous dire que si le jeune homme cesse de vous voir, et que, par miracle, il vienne à recouvrer la raison, ce n'est plus vous qu'il aimera, mais la première femme qu'il rencontrera.

Comme le docteur disait cela, on frappa doucement à la porte.

— Entrez, dit Ali-Kan.

Une jeune fille entra.

C'était celle que le docteur avait trouvée la veille assise auprès de son père fou, sur un banc du bois de Boulogne.

C'était Marthe Callebrand.

Depuis la veille le vieillard et la jeune fille étaient devenus les pensionnaires du docteur.

Ali-Kan avait promis de guérir Callebrand.

Au bruit qu'avait fait la porte en s'ouvrant, Raymond était sorti un moment de sa rêverie.

Et levant les yeux, il les avait arrêtés sur la jeune fille.

Puis Ali-Kan et Aléa tressaillirent.

Car le fou se leva et vint auprès de Marthe et se mit à la regarder curieusement.

Puis encore il lui prit la main.

Et la regardant toujours, il eut un sourire mélancolique et lui dit :

— Oh! comme vous êtes belle!

Et Aléa jeta un cri, un cri de joie :

— Mon Dieu! dit-elle, s'il allait l'aimer!....

— Tout est possible, murmura Ali-Kan.

Et comme Marthe rougissait et devenait toute tremblante, Aléa ajouta :

— Oh! tout ce que je possède, et j'ai des millions, pour qu'il vous aime, mademoiselle!

Et elle serra la main du docteur, jeta sur Raymond un regard de tendresse infinie et s'enfuit, le cœur brisé, mais l'esprit en repos ; car peut-être Raymond aimait Marthe et alors il guérirait et il vivrait heureux, à l'abri de cette influence fatale qu'elle exerçait.

Le major Hoffstein, cette personnification de la destinée, s'était-il donc trompé dans ses calculs?

CHAPITRE XVIII

Trois jours s'étaient écoulés depuis les événements que nous venons de raconter.

Sir Archibald, plus amoureux que jamais d'Aléa, n'avait cependant point osé retourner chez elle.

D'ailleurs cet esprit blasé venait de trouver un large aliment à ce besoin de distraction incessant qui s'empare de tout Anglais attaqué du spleen.

Il avait reçu, un soir, en rentrant à l'hôtel du Louvre, où il était descendu sous le nom de Ma-Eddin, un pli cacheté.

C'était le fameux mémoire qui lui devait apprendre l'histoire du vrai Ma-Eddin.

Sir Archibald s'était enfermé avec du thé et des cigares.

Puis il s'était mis à lire.

Le mémoire était conçu en ces termes :

Aujourd'hui 17 novembre 1465 de l'ère chrétienne, j'ai écrit ces lignes pour que, dans quatre siècles, elles servent à mes descendants.

Prophète venu trop tôt sur la terre, je sens que les temps sont loin encore où ma doctrine doit triompher, et je remets la publication de ma loi à quatre siècles.

Mes fils, dont l'un a treize ans et l'autre neuf, ne sont point initiés à la langue dans laquelle j'écris.

Dans quatre siècles seulement, leurs derniers neveux liront ces lignes.

Et c'est pour eux que j'écris, avant de fermer les yeux, car l'heure de ma mort est proche et mes disciples ont ordre de se disperser aussitôt que j'aurai rendu le dernier soupir.

Mon nom est Ma-Eddin.

Je suis d'une race royale qui a longtemps régné sur le Liban.

Je suis né chrétien, d'une mère musulmane et d'un père maronite.

Cette différence de religion entre mon père et ma mère a été la source de ma doctrine.

J'ai voulu fonder une religion humanitaire à laquelle chrétiens et musulmans pourraient être affiliés.

Mon but était noble et grand ; mais mes persécuteurs n'ont pas voulu que mon œuvre fût achevée.

La barbarie qui règne sur le monde, à l'heure où j'écris, est une barrière infranchissable aux idées grandes et généreuses, et les hommes de mon temps sont incapables de comprendre ce qui est juste et ce qui est bien.

Je laisse donc à celui ou à ceux de mes descendants qui vivront dans quatre siècles, le soin de continuer mon œuvre.

Voici mon histoire :

J'avais trente ans, lorsque je résolus de prêcher ma doctrine, et je m'associai trois hommes dont le courage était grand et l'intelligence assez vaste pour qu'ils contribuassent largement à mon œuvre.

L'un était un Druse, l'autre un chrétien, le troisième un fils d'Israël.

Le Druse était d'une race presque aussi vieille que la mienne.

Le chrétien était un pauvre prêtre que j'avais trouvé au seuil de son couvent, entouré de sa femme et de ses quatre enfants, le corps déjà vieux, mais l'âme rayonnante de jeunesse et de foi.

Le juif avait une généalogie qui se perdait dans la nuit des temps.

Il se vantait de descendre d'un des apôtres du Christ, mais il ne voulait point dire quel était cet apôtre; et comme je le pressais un jour de questions, il se mit à mes genoux et me dit :

— Maître, si je vous dis le nom de mon ancêtre, vous ne voudrez plus de moi pour disciple.

— Pourquoi ? lui demandai-je.

— Parce que mon ancêtre était aussi infâme que je crois être noble et fidèle. Il se nommait Judas.

A ce nom exécré je fis un pas en arrière et j'éprouvai une véritable hésitation à l'affilier à mes mystères.

Mais il me sembla alors que ses yeux brillaient d'un tel dévouement que je répondis :

— La faute des pères ne saurait retomber sur les enfants. Viens avec moi.

J'avais pris pour modèle, en fondant une doctrine, la nature elle-même qui permet aux hommes de pénétrer une partie de ses secrets, mais garde pour elle seule le grand secret par excellence.

Je n'initiai mes disciples qu'à une partie de mon œuvre, leur disant :

— Allez et convertissez ! et lorsque vous aurez mérité la récompense suprême, je vous initierai à mon but suprême.

Ce but, je l'ai consigné dans les livres de ma loi, que celui ou ceux de mes descendants qui vivront dans quatre siècles trouveront dans la caverne où reposent déjà mes compagnons morts et dont je n'ai pu m'échapper que par miracle avec mes deux fidèles, le Druse et le chrétien, car le juif, fils de Judas, m'a trahi.

Mes disciples, à leur tour, possédaient des secrets que la foule vulgaire de ceux que touchait leur parole ne pouvaient pénétrer.

Ma doctrine est une initiation à plusieurs degrés, dont le dernier seul donne la clef de cette grande énigme qui, selon moi, aurait pu être le bonheur du genre humain.

Sir Archibald interrompit un moment sa lecture pour murmurer :

— La doctrine de Ma-Eddin m'importe peu. Ce que je veux savoir, c'est l'endroit où est le trésor. Et l'impie continue :

Au bout de six ans, ma doctrine s'était répandue à travers l'Orient.

Tel le premier rayon de soleil qui glisse du sommet des montagnes resplendit tout à coup sur la plaine entière.

Les hommes devenaient meilleurs et abjuraient leurs vieilles haines.

Musulmans et chrétiens se donnaient la main sur les deux versants du Liban, et le juif n'était plus regardé comme un paria.

Les vieux cheicks de l'Arménie et du Caucase ne trafiquaient plus de leurs filles, et presque tous ceux qui avaient écouté ma parole renonçaient à avoir plusieurs femmes.

J'avais des trésors immenses, héritage de mes pères.

Ces trésors que j'employais à faire du bien devaient me perdre.

Si j'avais été pauvre, la doctrine de Ma-Eddin eût triomphé.

Un jour, la terre d'Orient trembla, le ciel se couvrit, un vent de barbarie souffla sur le monde. Les Turkomans avaient envahi l'extrême Orient, et le sauvage Mahomet II s'était emparé de Constantinople.

Et mes disciples se serrèrent autour de moi et me dirent :

— Maître, les barbares ne comprendront rien à votre loi, et comme ils ne la comprendront pas, ils voudront la détruire.

Et comme peu de temps après le sultan voulait étendre sa main conquérante sur le Liban demeuré libre, je ceignis mes reins et je dis à mes trois disciples :

— Allons à Constantinople, je ferai comprendre à ce barbare que les hommes ne doivent point être esclaves.

Sir Archibald s'interrompit encore un moment dans sa lecture.

Il alluma un cigare et se dit :

— Ce Ma-Eddin, qui devient mon ancêtre, avait un véritable talent de conteur.

Et l'impie s'étant mis à rire, continua :

CHAPITRE XIX

— Je partis donc pour Constantinople, accompagné de mes trois disciples.

Le Druse, qui était musulman, se nommait Kougli-Hassan.

Le chrétien avait nom Moctar.

Le juif s'appelait Judasich, c'est-à-dire fils de Judas. Une suite nombreuse de serviteurs et d'officiers nous escortait.

Je voulais que le farouche sultan pût se convaincre que j'étais un prince puissant et qu'en allant le trouver, je cédais à un tout autre sentiment que la crainte.

Un de mes dromadaires était chargé d'un sac empli de pierreries, que je comptais offrir à Mahomet II.

Un autre portait une cargaison d'ambre jaune.

Un troisième portait un coffre en bois de cèdre, merveilleusement ouvragé et empli de tissus du plus grand prix.

Nous longeâmes la côte jusqu'à Smyrne, voyageant le soir et le matin, dressant nos tentes au bord de la mer pendant les heures brûlantes du jour.

A Smyrne, nous montâmes sur une galère et nous fîmes voile pour Constantinople.

La ville des empereurs d'Orient était déjà transformée en ville turque.

Sainte-Sophie était devenue une mosquée et les couvents des casernes.

Prévenu de mon arrivée, le sultan me reçut avec une pompe barbare.

Entouré de ses janissaires, la ceinture garnie de poignards et de cimeterres, il voulait sans doute m'éblouir par sa puissance.

Je me présentais, moi, sans armes et sans armures, mon bâton de voyage à la main, vêtu d'une simple tunique de lin blanc.

Ma confiance toucha le sultan.

— Tu te nommes Ma-Eddin, me dit-il, et tu es un grand chef dans ton pays?

Je m'inclinai.

— Mais tu appartiens à la race des infidèles, puisque tu ne reconnais pas la loi du prophète.

— Je suis, répondis-je, le chef d'une religion nouvelle.

Ces mots lui arrachèrent un dédaigneux sourire.

— Viens tu me faire ta soumission? me dit-il.

— Non, répondis-je.

Un éclair passa dans ses yeux.

— Que veux-tu donc?

— Je viens traiter avec toi de l'indépendance de mon pays.

— Je n'accorde la liberté à personne, me dit le sultan. L'Orient tout entier doit se courber sous ma loi.

— C'est bien, lui répondis-je. Je consulterai mon peuple, et s'il veut te reconnaître pour suzerain, je m'inclinerai devant sa volonté.

Son courroux parut se calmer.

Puis il accepta mes présents et me dit :

—Retourne dans tes montagnes et souviens-toi de mes paroles : Si toi et ton peuple consentez à me payer un tribut, partie en argent, partie en troupeaux, en hommes et en chevaux, je vous laisserai pratiquer cette religion mystérieuse dont tu es le chef.

Si vous refusez, je monterai à cheval et avec mon armée j'irai vous réduire à l'obéissance.

Je compris bien que Mahomet II était un barbare, et que jamais je ne lui ferais comprendre la langue de l'humanité et de la raison.

Quand nous sortîmes de son palais, je dis à mes disciples :

— Les peuples du Liban sont des peuples guerriers. Le vent de la liberté a toujours soufflé au sommet de nos montagnes et rafraîchi nos vallées profondes.

Nous résisterons !

— Sans doute, s'écria Moctar le chrétien.

— Jusqu'à la mort, dit Kougli-Hassan le Druse.

— Vive Ma-Eddin ! exclama Judasich l'israélite avec enthousiasme.

— Seigneur, me dit encore Moctar, quelquefois l'humble serviteur donne un bon conseil au maître puissant.

— Parle...

— La nuit s'approche, continua Moctar ; dans une heure les ténèbres couvriront la ville et le Bosphore.

— Eh bien ?

— Notre navire se balance sur ses ancres, dans le port. Nous monterons à bord silencieusement et nous prendrons le large, continua Moctar.

— Moctar a raison, dit le Druse Kougli-Hassan.

— Pourquoi? demanda Judasich.

— Mahomet est capable de faire entourer notre demeure par ses émissaires, reprit Moctar, et de nous faire massacrer.

Et comme je fronçais le sourcil, Judasich dit :

— Hommes de peu de foi, vous croyez donc le sultan farouche capable d'une semblable félonie ?

— Je le crois, dit Moctar.

— Moi aussi, fit Kougli-Hassan.

— Et moi, dis-je, je veux passer la nuit à Constantinople et partir avec les premiers rayons du soleil.

— Maître, maître, prenez garde! murmura le Druse Kougli-Hassan.

— Je veux me fier à Mahomet, répondis-je.

— Le maître a raison, dit Judasich ; partir avec les ténèbres, ce serait fuir.

— Et je n'ai jamais fui, dis-je fièrement.

— Et ce serait encore, dit Judasich, donner

au sultan une pauvre idée des peuples de nos montagnes. Il nous croirait lâches.

Cette dernière réflexion toucha Moctar et Kougli-Hassan.

— Eh bien, maître, dit ce dernier, nous resterons; mais nous passerons la nuit, tous les trois, debout auprès de votre couche, le sabre en main pour vous défendre.

— Dormez, leur répondis-je. Dieu veille sur qui s'est endormi en croyant à lui.

Nous regagnâmes la maison dans laquelle nous avions laissé nos serviteurs, car nos troupeaux et nos dromadaires avaient été offerts en présents au sultan qui les avait acceptés.

Puis, après le repas du soir et après avoir religieusement accompli nos ablutions, nous cherchâmes le repos.

Le sommeil descendit sur nous.

Les serviteurs fermèrent les yeux les premiers; puis Judasich parut s'endormir profondément.

Enfin, moi-même je partis pour le pays des songes, tandis que Moctar et Kougli-Hassan causaient encore à voix basse.

Je dormis pendant plusieurs heures; mais un léger bruit m'éveilla en sursaut.

Et comme j'ouvrais les yeux, les premiers

rayons de l'aube commençaient à luire, et je vis Judasich couvert de son kaftan.

Et il me sembla que ce vêtement était tout imprégné de la rosée du matin.

— Bon! murmura sir Archibald interrompant encore sa lecture, je devine. Judasich était allé vendre son maître, comme jadis Judas, son ami, vendit Jésus aux prêtres de Jérusalem.

Et sur cette réflexion, sir Archibald alluma un cigare.

CHAPITRE XX

Le manuscrit de Ma-Eddin, traduit par un des descendants de Moctar le chrétien, continuait ainsi :

Cette rosée qui couvrait les vêtements de Judasich était un signe qu'il était sorti pendant la nuit.

Les hommes d'Occident ne sauraient marcher sans bruit.

Mais nous, les fils de l'Orient, nous savons éteindre le bruit de nos pas, glisser en rampant sur le sol comme des reptiles, ouvrir les portes sans qu'il leur échappe un gémissement et nous dissimuler dans l'ombre jusqu'à défier l'œil le plus exercé à voir pendant la nuit.

Judasich avait dû profiter de tous ces avantages, car ni Moctar, ni Kougli-Hassan, ni aucun de nos serviteurs ne s'était éveillé.

— D'où viens-tu ? lui dis-je.

Il se jeta à mes pieds, et me dit avec émotion :

— Maître, pardonnez-moi.

— Quelle faute as-tu donc commise ?

— La chair est faible, et un amour violent a pénétré dans mon cœur.

— Pour qui ?

— Pour une femme arménienne que j'ai remarquée hier sur le marché, et je me suis échappé pour aller traiter avec le marchand d'esclaves.

— Tu as mal agi, répondis-je. Ma loi, dont tu es le disciple, défend le trafic de l'espèce humaine.

— C'est ce que je me suis dit, fit-il humblement. Et, à moitié chemin, j'ai été touché par le repentir et je suis revenu sur mes pas.

Judasich mentait.

Mais je le crus en ce moment.

La vérité était qu'il revenait du palais de Mahomet II, où il était allé débattre le prix de sa trahison.

Après l'aube vinrent les premiers rayons du

soleil. Alors, j'éveillai mes compagnons et je leur dis :

— Maintenant nous pouvons partir.

Judasich était soucieux, et il avait sur son visage une pâleur inaccoutumée.

Je crus qu'il songeait à cette femme qu'il avait trouvée belle, et je ne m'arrêtai pas davantage à ce trouble qu'il manifestait.

Je ne crus même pas devoir faire part à mes deux autres disciples de sa conduite nocturne.

Moctar s'était quelquefois montré défiant envers lui, et Kougli-Hassan, plus d'une fois, avait laissé échapper des paroles sévères à son endroit.

Je pensais que c'était l'effet de ce sentiment humain qu'on appelle la jalousie, et je leur pardonnai.

Le soleil brillait de tout son éclat dans l'azur du ciel, lorsque notre navire leva l'ancre.

Au moment où nous partions, nous vîmes arriver deux barques montées par douze rameurs chacune.

C'était le sultan qui nous les envoyait.

Mahomet II ne voulait pas être vaincu par ma munificence; il m'envoyait à son tour de riches présents.

De plus, il me faisait un véritable cadeau,

me dit un des officiers qui me venaient complimenter de sa part, et m'offrir ses souhaits et ses vœux pour mon voyage.

Il m'envoyait un pilote habile qui conduirait sûrement notre navire au milieu des écueils.

Le pilote était un robuste vieillard qui avait conservé tous ses cheveux blancs, toute sa force et toute l'énergie de la jeunesse.

Il prit en main le gouvernail, et mes disciples et moi nous reconnûmes aussitôt à la marche hardie du navire que le sultan avait raison.

C'était un pilote expérimenté.

Pendant le premier jour de notre traversée, le temps fut beau.

Pas un nuage à l'horizon, pas une ride sur les flots d'azur, si ce n'est l'écume argentée qui se formait à l'avant et disparaissait bientôt dans le sillage du vaisseau.

Une bonne brise ventait du nord et poussait vers le large.

Judasich disait à Moctar :

— Tu as pourtant manqué de foi dans la loyauté du sultan.

Moctar ne répondit point; mais le Druse Kougli-Hassan répondit :

— J'ai le pressentiment que Mahomet n'est point sincère et qu'il a juré la perte du maître.

Judasich demeura impassible.

— Heureusement, dit alors Moctar, que nous sommes là pour le défendre, et que les gorges du Liban sont profondes.

Et comme ils disaient cela, un dernier rayon du soleil couchant éclaira dans le lointain le sommet de notre montagne bien-aimée qui semblait sortir du sein des eaux.

Et il dit à mes compagnons :

— Demain, quand le soleil se lèvera de nouveau nous apercevrons distinctement la terre de la patrie.

Kougli-Hassan, qui avait été marin dans sa jeunesse, me dit :

— J'ai peur.

— De quoi donc as tu peur? demandai-je surpris.

Il étendit la main vers le sud.

— Voyez ! dit-il.

En effet, à l'horizon, un point blanc presque imperceptible ressemblait à une mouette jouant sur la vague et l'effleurant de son aile.

— C'est la tempête, me dit Moctar.

Mais Kougli-Hassan secoua la tête :

— Non, dit-il, c'est la brume.

— Eh bien ?

— Et la mer que nous parcourons est pleine d'écueils.

Le vieux pilote, qui n'avait pas quitté la barre, se prit à sourire :

— Ne craignez rien, dit-il, je connais ma route. Nous arriverons sains et saufs.

La nuit vint.

Mes compagnons et moi nous fîmes nos prières et nous couchâmes sur le pont.

La nuit était alors étoilée et le point blanc que Kougli-Hassan m'avait montré avait disparu de l'horizon.

Tout le monde s'endormit, à l'exception du pilote qui veillait à la barre.

Cependant vers minuit je m'éveillai.

O prodige !

Les étoiles avaient disparu ; une brume épaisse enveloppait le navire qui marchait avec une rapidité effrayante.

A peine pouvais-je voir rougeâtre et sans rayon le fanal de poupe.

Je courus au pilote.

Il était calme, à l'arrière, et me dit :

— Ne craignez rien, nous faisons bonne route.

Mais comme il parlait ainsi, une secousse

épouvantable eut lieu, un craquement horrible se fit entendre...

Le navire venait de toucher sur un écueil.

Et le pilote s'écria :

— Nous sommes perdus!

CHAPITRE XXI

Nous eûmes à peine le temps de pousser un cri que déjà nous étions tous à la mer.

Le récif sur lequel notre navire s'était brisé était à fleur d'eau.

Moctar, quoique vieux, nageait vigoureusement; quant à Kougli-Hassan, il avait passé sa jeunesse à Saint-Jean-d'Acre et il faisait plusieurs lieues en mer sans se fatiguer.

Moi-même j'étais un nageur intrépide.

Mais la plupart de mes serviteurs, enfants des montagnes, étaient peu familiers avec la mer.

Judasich lui-même ne savait pas nager.

Et puis le brouillard était si épais que sans

les cris de détresse que poussaient mes compagnons, j'aurais pu les croire déjà morts, car je ne les voyais point.

Le pilote, qui se trouvait à la barre au moment de la catastrophe, avait dû tomber à la mer un des premiers.

J'entendis la voix de Moetar.

Le prêtre maronite m'appelait :

— Ma-Eddin, disait-il, où êtes-vous ?

— J'ai pu saisir une planche, répondis-je.

— Moi aussi, répondit-il.

En même temps la voix se rapprochait.

Et peu après, nageant toujours dans cette épouvantable obscurité, je vis mon disciple qui s'approchait de moi.

Où étions-nous ?

Nul n'aurait pu le dire.

L'obscurité pesait sur nous; la mort nous attirait. Ce fut une heure sinistre que celle qui s'écoula alors, une heure d'épouvante et d'angoisse.

Mes malheureux compagnons poussaient des cris qui allaient s'affaiblissant.

Après avoir lutté un moment contre la mer, ils disparaissaient un à un et leurs plaintes s'éteignaient.

Moctar m'avait rejoint et nous nagions côte à côte.

— Maître, disait-il, vous ne pouvez mourir. Il faut que vous viviez pour le triomphe de notre doctrine et que vous fassiez le sacrifice de tous ces malheureux à qui, vainement, nous essayerions de porter secours.

Une autre voix se fit entendre auprès de nous.

C'était celle de Kougli-Hassan.

— Maître, disait-il, je suis aussi familier qu'un poisson avec la mer. Quand vous serez las, je vous porterai. Mais il faut nous éloigner, il faut tâcher de gagner la côte.

— Mais où est Judasich? m'écriai-je. Je ne l'ai point entendu.

— Il a dû se noyer, dit Moctar, car il ne sait pas nager.

Kougli-Hassan répondit :

— Tant mieux s'il se noie! car une voix secrète me dit qu'il nous portera malheur.

Je ne voulus pas, en ce moment solennel, adresser des reproches à Kougli-Hassan, et je feignis de ne l'avoir point entendu.

Les plaintes de mes compagnons, ces plaintes désespérées qui traversaient le brouillard et l'espace, allaient toujours en s'affaiblissant,

Placé entre Moctar et Kougli-Hassan je continuais à nager.

Et tout à coup, la brume qui nous enveloppait se dissipa et les rayons de la lune brillèrent.

— Terre ! terre ! s'écria Moctar.

En effet, à une ou deux lieues, car il était impossible de mesurer exactement la distance, nous aperçûmes la terre.

Mes forces s'épuisaient.

Kougli-Hassan me soutint et nous redoublâmes d'efforts.

Une heure après la vague nous roulait épuisés sur le sable du rivage.

En même temps les premiers rayons de l'aube glissaient à la cime des montagnes.

Alors nous regardâmes au loin sur la mer.

Le dernier lambeau de brume avait été emporté par le vent, et la mer était calme et bleue.

Aucune trace de navire, aucun malheureux luttant encore contre la mort.

Le gouffre avait englouti tous mes compagnons.

L'écueil lui-même, cet écueil sur lequel nous nous étions brisés, n'apparaissait point à la surface.

Et je m'écriai avec douleur :

— Judasich, mon disciple bien-aimé, est mort !

Mais soudain Kougli-Hassan, qui avait l'œil aussi perçant que le faucon qui plane au sommet de nos montagnes, Kougli-Hassan me dit :

— Regardez, maître, regardez !

Et il étendait la main vers la haute mer.

Un point noir se détachait à l'extrême horizon.

On eût dit une coquille de noix.

— Savez-vous ce que c'est, maître ? dit Kougli-Hassan.

— Non.

— C'est la barque qui était suspendue à l'avant du navire.

— Dieu tout-puissant, m'écriai-je, faites que cette barque ait pu sauver quelques-uns de mes compagnons.

Quelques-uns, non, dit Kougli-Hassan, mais un seul.

— Lequel ?

— Judasich.

Et il fixait toujours les yeux sur le point noir qui grandissait et s'approchait de la côte.

Tout à coup il s'écria :

— C'est bien eux, je ne m'étais pas trompé.

— Qui donc, eux ? demandai-je.

— Judasich et le pilote.

Cette fois je tressaillis, car je commençais à soupçonner la trahison du juif.

La barque approchait rapidement.

Et comme elle approchait, Kougli-Hassan me dit encore :

— Ils auront espéré que nous serions tous noyés.

— Mais quel intérêt Judasich aurait-il donc à ma mort ? m'écriai-je.

— Je ne sais pas, dit Moctar, mais je pense comme mon compagnon Kougli-Hassan. Judasich est bien nommé, et il est bien le fils du traître Judas.

Et comme la barque n'était plus qu'à quelques mètres du rivage, Moctar ajouta :

— Vous le reconnaissez, maître, n'est-ce pas ? c'est bien Judasich et avec lui le pilote turc qui nous a volontairement jetés sur un écueil.

Et la barque vint atterrir sur le sable et Judasich qui avait vu flotter nos kaftans, sauta lestement à terre et vint se précipiter à mes pieds qu'il embrassa.................
....

Sir Archibald en était là de sa lecture, lorsqu'on frappa doucement à la porte.

Puis un jeune homme qui lui était inconnu entra et lui dit :

— N'êtes-vous pas, monsieur, le baronnet sir Archibald ?

L'Anglais tressaillit, car il s'était donné le nom de Mahédin à l'hôtel du Louvre.

— Et vous, dit-il, qui donc êtes-vous?

— Je me nomme Tony, dit le jeune homme.

Puis il ferma la porte et ajouta :

— Je viens vous parler de choses graves.

— Je vous écoute, répondit sir Archibald de plus en plus étonné.

CHAPITRE XXII

Sir Archibald regardait ce jeune homme avec une curiosité troublée.

Il était grand, blond, osseux, avec un visage long, des lèvres minces qu'on eût dit fendues avec un couteau, et de petits yeux gris d'une mobilité excessive.

Avec cela quelque chose de roide et de hautain dans ses allures.

Il prit un siége, avant même que sir Archibald le lui eût offert.

L'Anglais, qui était aristocrate au plus haut point, en fut profondément blessé.

— Monsieur, dit-il, je vous ferai observer qu'il est dix heures du soir.

— Je le sais, monsieur.

— Que c'est un moment peu opportun pour les visites.

— Je le sais encore, dit froidement le jeune homme.

— Et que vous ne m'avez jamais été présenté.

Un sourire éclaira la face blême du jeune homme.

— Monsieur, lui dit-il, je m'appelle Tony, j'ai déjà eu l'honneur de vous le dire. Je suis l'associé de la maison Baül et Tompson.

Quand je dis cela, je vais peut-être un peu loin, car notre association ne repose pour le moment que sur une invention qui n'est pas complète et dont nous cherchons le dernier problème.

Sir Archibald eut un geste qui voulait dire :

— Qu'est-ce que tout cela peut me faire ?

Tony continua sans s'émouvoir :

— Maintenant que je me suis présenté moi-même, permettez-moi de vous dire ce qui m'amène.

Il avait dans le regard et le geste quelque chose de dominateur qui finissait par en imposer à sir Archibald.

— Voyons, dit l'Anglais, hâtez-vous.

En même temps il jetait un regard de regret sur le manuscrit dont l'arrivée du jeune homme l'avait forcé d'interrompre la lecture.

Ce dernier eut un mot qui fut pour sir Archibald un véritable coup de foudre.

— Je sais ce qu'il contient, dit-il.

Sir Archibald se dressa tout frémissant.

— Vous... savez... vous?... dit-il.

— Oui, fit Tony d'un signe de tête.

Et comme sir Archibald sentait ses cheveux se hérisser, Tony lui dit froidement :

— Si vous voulez m'écouter patiemment, je vous dirai comment le hasard m'a mis en possession d'un secret que vous n'avez pas encore tout entier.

— Parlez, dit l'Anglais au comble de la stupeur.

— Monsieur, poursuivit Tony, j'habite une maison à Montmartre, rue du Château, dans la chaussée Clignancourt.

C'est une maison de pauvres gens que la mienne, et je suis pauvre comme eux.

J'ai pour voisin de carré un vieux bonhomme qui se dit Turc d'origine et passait la journée à la Bibliothèque impériale à compulser de vieux manuscrits orientaux.

Je suis curieux par instinct, comme tous les

gens qui n'ont rien à faire et cherchent fortune.

Quelques paroles énigmatiques échappées à mon vieux voisin, telles que celles-ci : « *Les temps sont proches où les trésors de Ma-Eddin seront découverts,* » m'avaient mis l'esprit en éveil.

Je surveillais le bonhomme.

Un jour, il y a de cela près d'un mois, le facteur monta nos six étages.

Il apportait une lettre chargée.

Cette lettre était revêtue d'une foule de timbres bizarres. Mais le vieillard n'en parut point étonné, et se borna à dire.

— Voilà ce que j'attendais.

— Il s'enferma et lut cette lettre volumineuse.

Puis il sortit, et ce jour-là il ne rentra pas.

Une curiosité me dominait; je passai un matin sur une étroite bande du toit, au risque de faire un faux pas et de me briser le crâne sur le pavé de la cour; puis je pénétrai dans la mansarde de mon vieux voisin par la fenêtre qu'il laissait ouverte.

La lettre aux timbres bizarres était sur la table et elle était écrite en langue arabe.

Ici Tony s'interrompit un moment et regarda sir Archibald.

Sir Archibald était fort pâle et il écoutait maintenant Tony avec avidité. Dans le vieux voisin dont lui parlait le jeune homme il croyait avoir reconnu le vieillard qui l'avait reçu au fond du puits.

— Il faut vous dire, reprit Tony, que j'ai reçu une très-belle éducation. Je sais l'arabe.

Sir Archibald fit un mouvement.

— Cette lettre, datée d'un couvent du Liban, annonçait à mon voisin que le 17 novembre le vicomte Raymond de Mahédin, dernier descendant de Ma-Eddin serait au rendez-vous.

— Eh bien ? fit sir Archibald frémissant.

Tony continua :

— A partir de ce moment, j'épiai mon voisin, je le suivais le soir en rasant les murs, je découvris ainsi la maison abandonnée et le puits où se tenaient de mystérieux conciliabules.

Je finis par découvrir où était le véritable Mahédin.

Ce n'est pas vous.

La nuit du 17 novembre, j'étais couché à plat-ventre derrière une broussaille, auprès du puits.

Je vous ai entendu venir, M. de Mahédin et vous. Aucun détail de votre conversation ne m'est échappé.

— Après ? après ? fit sir Archibald, le front baigné de sueur.

— Je vous ai vu foudroyer Raymond de Mahédin en lui offrant un cigare, et descendre ensuite dans le puits à sa place.

— Vous avez vu cela ?

— Attendez... La nuit suivante, assis sur le toit de ma maison, j'ai vu le vieillard qui traduisait le parchemin mystérieux.

— Ah !

— Et comme au bout de trois jours, il avait terminé sa besogne, je me suis de nouveau introduit chez lui.

— Et vous avez là sa traduction ?

— Justement ! Ce qui fait que je sais toute l'histoire de Ma Eddin dont vous ne connaissez encore que la moitié.

— Monsieur, dit froidement sir Archibald, il y a un mot moderne et tout parisien qui résume votre conduite : le *chantage*.

— Je ne m'en défends pas, dit Tony avec calme.

— Voyons vos conditions ?

En même temps, sir Archibald passa la main sous sa robe de chambre et caressa le manche d'ivoire d'un stylet.

CHAPITRE XXIII

Sir Archibald était un de ces Anglais robustes, sous une apparence modeste, qui ont fréquenté les salles de boxe et de pugilat, trempé leurs muscles et leurs nerfs à toutes les températures du globe.

Tony, au contraire, était un homme de mine chétive, aux épaules étroites, mal bâti, mal moulé et dont la volonté seule pouvait faire un homme de résistance.

Sir Archibald se fit ce raisonnement :

— Je vais écouter ses propositions. Si elles sont modestes, je me débarrasserai de lui avec quelques centaines de louis; s'il est exigeant, je l'étoufferai dans mes bras, mon poignard est inutile,

Tony était aussi tranquille que s'il se fût trouvé à la porte d'un café du boulevard, occupé à fumer son cigare et à lire les journaux.

— Voyons, monsieur, dit sir Archibald, je vous écoute.

— Monsieur, répondit Tony, vous ne savez pas la fin de l'histoire de Ma-Eddin, et il est indispensable que vous la sachiez.

— Je compte bien continuer après notre départ, répliqua l'Anglais avec flegme.

— Il serait trop tard, car ce n'est qu'à la suite de cette histoire que vous comprendrez les propositions que je viens vous faire. Et comme la lecture de ce manuscrit serait un peu longue, moi qui l'ai lu, je vais vous la résumer.

Sir Archibald était patient. D'ailleurs Tony avait je ne sais quoi de magnétique et de fascinateur dont, malgré lui, le baronnet subissait l'ascendant.

Tony jeta un coup d'œil sur le manuscrit demeuré ouvert sur le guéridon voisin du lit de sir Archibald, pour se rendre compte de l'endroit où sir Archibald s'était arrêté, et il continua ainsi :

Ma-Eddin ne put croire à la trahison de Judasich, bien que les deux autres disciples

Moctar et Kougli-Hassan la lui eussent affirmée.

Judasich raconta que le pilote, au moment où le navire avait touché le récif, avait mis le canot à la mer dans l'espoir de sauver Ma-Eddin, et l'ayant recueilli, lui Judasich, ils s'étaient mis à la recherche du maître.

Ma-Eddin et ses trois compagnons se mirent en route pour leurs montagnes.

Après trois jours de marche, ils arrivèrent aux portes d'une ville que Ma-Eddin considérait comme la capitale de ses Etats.

Alors, le jeune chef assembla les chefs de ses tribus et les hommes raisonnables de chaque famille, puis il leur dit :

— Voulez-vous de la suzeraineté du sultan?

A quoi ils répondirent :

— Nous voulons être libres sous ta loi et ton sceptre.

— C'est bien, dit Ma-Eddin, je tirerai l'épée.

Il passa plusieurs mois à écrire sa doctrine dans cette langue mystérieuse que comprenaient seuls Moctar, Kougli-Hassan et Judasich.

Pendant ce temps, ses disciples prêchaient la loi nouvelle, et celui qui se montrait le plus ardent, c'était Judasich.

Si bien que Moctar et Kougli-Hassan se dirent un jour :

— Nous nous sommes trompés, Judasich n'est point un traître.

Le sultan paraissait avoir oublié le petit peuple du Liban. Mais Ma-Eddin ne se fiait pas à ce calme apparent et il s'apprêtait à la résistance.

Un matin les sentinelles qui veillaient en haut des tours et sur les pointes des rochers, aperçurent au loin sur la mer une ligne noire qui semblait fermer l'horizon.

On eût dit une bande de canards sauvages, ou mieux encore une de ces banquises de poissons qui voyagent d'un pôle à l'autre.

La ligne noire s'approchait rapidement et grandissait à mesure.

Bientôt des points blancs se montrèrent çà et là, et alors les sentinelles reconnurent une flotte immense qui s'avançait à toutes voiles.

La flotte vint jeter l'ancre en vue des côtes et mit toutes ses embarcations à la mer.

Le doute n'était plus permis. Le sultan venait conquérir le Liban.

Quand son armée, qui paraissait aussi nombreuse que les grains de sable de la plage, fut débarquée, les sentinelles virent une guirlande de flammes s'élever sur la mer.

C'était la flotte turque qui brûlait.

Le sultan avait dit :

— Je veux soumettre toute la côte jusqu'à Smyrne et je n'ai plus besoin de mes vaisseaux.

Les peuples de Ma-Eddin étaient prêts.

Il les appela aux armes.

Alors commença une lutte acharnée entre le peuple conquérant et le peuple qui voulait demeurer libre.

Cette lutte dura plusieurs années.

Longtemps les phalanges turques vinrent se briser contre les blanches murailles des forteresses, et elles semèrent les vallées de leurs cadavres.

Mais de nouvelles flottes arrivaient, et les soldats morts étaient remplacés.

Et le peuple du Liban ne se renouvelait pas comme les armées du sultan.

Il vint un moment où les vieillards et les enfants s'armèrent.

Puis ce fut le tour des femmes.

Alors Ma-Eddin comprit qu'il ne pouvait plus vaincre, et qu'il verserait inutilement les dernières gouttes du sang de son peuple.

Il demanda à capituler, et le sultan y consentit.

Mahomet II permettait aux peuplades du Liban de conserver leurs mœurs, leurs lois et leurs coutumes, mais il exigeait que Ma-Eddin se retirât, avec sa famille et ceux de ses serviteurs qui voulaient le suivre, dans l'île de Chypre, qu'il lui permettait de conserver.

Ma-Eddin signa la transaction de son sceau, puis, se fiant à la parole du sultan, il s'embarqua avec une centaine d'hommes auxquels il dit :

— Le vent de la destinée pousse contre nous, mais cette tempête s'apaisera, et un jour viendra où nous triompherons.

Sir Archibald interrompit Tony.

— Permettez ; une question, dit-il.

— Faites.

— Jusqu'à présent, je ne vois pas poindre le moindre trésor.

— Et c'est le trésor qui vous intéresse ?

— Naturellement.

Tony se prit à sourire.

— Je vais vous en parler tout à l'heure. Prenez patience.

— Voyons ? fit sir Archibald.

CHAPITRE XXIV

Tony continua :

Ma-Eddin avait des trésors considérables.

Comme la guerre tirait à sa fin, c'est-à-dire qu'il ne pouvait plus prolonger la résistance et que bientôt le sultan serait le maître du Liban, il résolut de soustraire ses richesses à l'avidité des conquérants.

Ce n'était point, cependant, dans un but de cupidité.

Ma-Eddin était le prince le plus libéral de l'Orient, et on l'avait vu répandre l'or à pleines mains pour soulager les infortunes nombreuses qui l'entouraient.

Mais Ma-Eddin sentait bien que l'heure où

sa doctrine triompherait n'était point encore venue, et que le jour où cette heure sonnerait il aurait besoin de beaucoup d'or.

Une nuit, un vaisseau chargé d'or et de pierreries se détacha de la côte à la faveur d'une brume épaisse et d'une nuit sombre. Les voiles, de couleur brune, ne se détachaient pas sur la mer. Ma-Eddin avait à son bord ses trois disciples, quatre mulets et deux dromadaires destinés à transporter les outres pleines d'or.

Ma-Eddin s'était mis à la barre.

Quand la côte d'Asie eut disparu, Ma-Eddin réunit ses trois disciples sur le pont du navire et leur dit:

— Les trésors que nous emportons sont destinés à être enfouis, peut-être pendant de longues années et pendant des siècles peut-être. Un secret, pour être gardé fidèlement, ne doit pas être confié à plusieurs.

Pour vous prouver que j'ai une égale confiance en vous trois, vous allez tirer au sort quel sera celui de vous qui sera mon confident.

Les trois disciples de Ma-Eddin acceptèrent.

L'un d'eux ôta son fez, l'autre écrivit les trois noms sur trois feuilles de papyrus qu'il roula. Le troisième mit la main dans le fez et en retira une des trois feuilles.

Elle portait le nom de Judasich.

Judasich avait, durant la guerre, donné de telles preuves de dévouement à la cause de Ma-Eddin, que les soupçons de Moctar et de Kougli-Hassan avaient fini par s'évanouir.

— C'est toi qui m'accompagneras, lui dit Ma-Eddin. La mer est calme, le vent favorable, le navire n'a pas besoin de plus de deux hommes pour le manœuvrer.

Ces paroles étonnaient un peu Moctar et les deux autres disciples. Ma-Eddin ajouta :

— Je vais vous bander les yeux à tous deux, dit-il à Moctar et à Kougli-Hassan. Judasich seul saura où nous allons aborder.

Moctar et Kougli-Hassan se laissèrent bander les yeux, et le navire continua sa route.

Au point du jour, Judasich, qui aidait Ma-Eddin à la manœuvre, aperçut une côte à l'horizon.

Etait-ce le continent, était-ce une île ?

C'est ce qu'il ne put vérifier sur-le-champ.

Tony s'interrompit à ce moment de son récit et dit à sir Archibald de plus en plus attentif :

— Vous pensez bien que ce que Ma-Eddin,

dans son manuscrit, appelle pompeusement un navire, n'était qu'une grande barque pôntée, d'un très-faible tirant, car elle s'approcha de la côte aperçue par Judasich et vint s'échouer sur le sable du rivage.

Moctar et Kougli-Hassan, esclaves de la volonté du maître, n'avaient point arraché leurs bandeaux. Judasich, une fois à terre, reconnut qu'ils venaient d'atterrir dans une petite baie de l'île de Chypre.

Au lointain, par delà les flots bleus sur lesquels le soleil rayonnait maintenant, on apercevait les cimes blanches du Liban.

Ma-Eddin et Judasich firent sortir de la barque les mulets et les dromadaires ; puis ils les chargèrent des outres pleines de pierres précieuses et de pièces d'or.

— Il y a là des richesses, murmurait Ma-Eddin, à acheter un royaume. Oh ! quand l'heure sera venue, il faudra bien que ma doctrine triomphe !

Lorsque les mulets et les dromadaires furent chargés, Ma-Eddin s'adressa à Moctar et à Kougli-Hassan :

— Je compte sur votre promesse de ne point chercher à savoir où vous êtes. Judasich et moi, nous allons nous éloigner du navire et nous serons absents plusieurs heures. Ne vous inquiétez pas ; avant que le soleil ait disparu de l'horizon, nous serons de retour.

Et Ma-Eddin et Judasich partirent et s'enfoncèrent dans l'intérieur de l'île, poussant devant eux les bêtes de somme qu'ils avaient chargées des trésors.

Moctar et Kougli-Hassan, momentanément privés de la lumière du jour, se mirent en prières, chacun dans leur religion, et attendirent patiemment.

Ma-Eddin tint parole.

Au coucher du soleil, il était de retour.

Où était-il allé ?

En quel lieu étaient maintenant enfouis non-seulement les trésors destinés à servir un jour la foi nouvelle, mais encore les livres sacrés de cette religion mystérieuse dont Ma-Eddin était le chef ?

C'était un secret désormais entre le maître et le disciple, et ni Moctar, ni Kougli-Hassan ne le demandaient.

Le navire reprit la mer.

Les deux disciples demeurèrent les yeux bandés jusqu'à ce que la nuit fût venue et que l'île de Chypre eût disparu à l'horizon.

Alors Ma-Eddin leur dit :

— Otez votre bandeau et aidez-moi maintenant à conduire le navire.

Bien avant le jour, Ma-Eddin et ses compagnons foulaient le sol de cette patrie que les Turcs et le farouche Mahomet allaient bientôt leur arracher.

Quelques mois après Ma-Eddin fut forcé de capituler.

Le sultan lui abandonnait l'île de Chypre.

Les villes, les villages, les forteresses, le sol du Liban furent remués de fond en comble.

Mahomet II avait entendu parler des trésors de Ma-Eddin, et il espérait les trouver. Vaine recherche! Pendant plusieurs autres mois, Ma-Eddin fut aux yeux du sultan un pauvre homme qui s'était fait passer pour riche.

Quand il s'était embarqué, on avait visité le navire.

Ma-Eddin emmenait ses disciples et une centaine de serviteurs et de gens de sa famille, mais il n'y avait à bord ni richesses ni trésors.

— Judasich avait donc été fidèle? demanda sir Archibald, interrompant à son tour le récit de Tony.

Celui-ci se prit à sourire :

— Vous allez bien voir, dit-il.

Et il poursuivit :

CHAPITRE XXV

Judasich avait deux fils. Sa femme était morte en donnant le jour au second.

L'aîné avait vingt ans, le cadet seize.

Tous deux ressemblaient à leur père et l'imitaient dans les marques de respect qu'il donnait à Ma-Eddin.

Cependant Ma-Eddin, qui ne se défiait plus de Judasich, avait pour ses fils une sorte de répulsion.

Il est des aversions instinctives dont l'homme ne saurait se rendre compte.

Un jour que les deux enfants se baignaient, le maître avait remarqué sur l'épaule de l'aîné une tache brune, et s'étant approché du second, il avait constaté le même signe sur la même épaule.

A ces mots, sir Archibald ne put réprimer un mouvement de surprise.

Tony ne s'en aperçut point et continua.

Ma-Eddin le soir, avait fait cette remarque à Judasich.

Judasich lui répondit :

— J'ai pareil signe sur l'épaule gauche, et mon père en avait autant et mon aïeul aussi ; il paraît que c'est une marque qui se transmet de génération en génération dans notre famille.

Les fils de Judasich avaient suivi leur père dans l'île de Chypre ; ils étaient les compagnons de jeux des deux fils de Ma-Eddin.

Mais ceux-ci, comme leur père, éprouvaient pour eux une véritable défiance.

Un jour, et il y avait plus d'un an que, sur la foi des traités, Ma-Eddin vivait dans l'île de Chypre tranquille et plein de foi dans l'avenir, — un jour, dis-je, un navire turc vint jeter l'ancre dans le port.

C'était un vaisseau qui venait de Saint-Jean-d'Acre et se dirigeait vers Constantinople.

Le navire s'arrêta quelques heures à peine en vue de l'île.

Il n'avait relâché que pour s'approvisionner de quelques vivres et d'un peu d'eau douce.

Le lendemain, au point du jour, il partit.

Quelques heures après on constata la disparition du fils aîné de Judasich, lequel se nommait Isa, et le père tout en larmes vint annoncer à Ma-Eddin que les Turcs lui avaient volé son enfant.

Plusieurs semaines s'écoulèrent.

Isa ne reparut point.

Judasich se montrait toujours fort désolé en public ; mais sous sa tente qui s'élevait au bord de la mer, il essuyait ses larmes et fixait alors avec une certaine anxiété les regards sur l'horizon.

La vérité était que Isa s'était jeté à la nage pendant la nuit où le navire était à l'ancre dans la rade et qu'il s'était rendu à bord du vaisseau turc.

Là, ouvrant une ceinture de cuir qu'il avait autour du corps, il avait payé en belles pièces d'or son passage au capitaine en lui disant :

— Si tu m'emmènes à Constantinople, je puis te répondre par avance que le sultan te récompensera comme si tu lui avais rendu un signalé service.

Le navire avait continué son chemin.

Arrivé à Stamboul, le fils de Judasich s'était dirigé vers le palais du sultan.

Les janissaires avaient voulu lui en défendre l'entrée; mais il leur avait dit :

— Annoncez au sultan que je suis le fils de Judasich.

En entendant prononcer ce nom, le sultan avait ordonné qu'on lui amenât le jeune homme.

Puis il l'avait reçu seul à seul.

— Tu viens de la part de ton père?

— Oui, fils du prophète, avait répondu Isa.

— Viens-tu m'annoncer où sont les trésors de Ma-Eddin?

— Je viens pour cela.

— Quel prix ton père fixe-t-il à sa trahison?

— Le quart des trésors enfouis.

— Accordé, dit le sultan; où sont les trésors?

— Mon père vous conseille d'armer une flotte et de venir cerner l'île de Chypre.

— Bon!

— Vos soldats massacreront Ma-Eddin et tous les siens, et alors mon père vous mènera dans la caverne où les trésors sont enfouis.

— C'est bien, dit encore le sultan.

Et il avait armé une flotte, et, quelques semaines après, les soldats de Ma-Eddin, qui veillaient sur les pointes des rochers, signalèrent une quantité prodigieuse de voiles blanches que le vent poussait vers l'île.

Alors Ma-Eddin comprit que ce n'était pas pour s'emparer de cette pauvre île qu'il lui avait abandonnée naguère que le sultan revenait.

Ce n'était ni à l'île, ni à ses soldats, ni à ses femmes, ni à ses serviteurs que le sultan Mahomet II en voulait, c'était à ses trésors.

Et ayant réuni ses disciples, il leur dit :

— Je suis trahi.

Moctar et Kougli-Hassan s'écrièrent :

— Maître, comment aurions-nous pu vous trahir, puisque vous ne nous avez point confié votre secret?

Si quelqu'un vous a trahi, ce ne peut être que cet homme.

Et ils désignaient du doigt Judasich.

Judasich fit bonne contenance et répondit

— Comment aurais-je pu vous trahir, puisque je ne vous ai jamais quitté?

Mais une femme du petit peuple qui avait suivi Ma-Eddin s'écria :

— Tu mens, infâme! les Turcs ne t'ont point volé ton enfant. Ton enfant s'est volontairement mis à la nage, après avoir longuement conversé avec toi sur le bord de la mer, et il a gagné le navire. J'étais assise sur la plage derrière un rocher, et j'ai entendu ce que vous disiez.

A ce témoignage si précis et si accablant, Judasich se troubla, et il finit par se jeter aux pieds de Ma-Eddin et lui avouer sa faute.

Mais il lui jura que son fils Isa ne savait point où étaient les trésors.

Ma-Eddin lui dit :

— Tu as mérité la mort, et tu mourras.

En même temps il lui enfonça son cimeterre dans le cœur, et Judasich tomba pour ne plus se relever.

— Ah ! Ma-Eddin fit cela ? demanda sir Archibald dont les yeux brillaient d'une colère subite.

— Oui, dit Tony, mais qu'est-ce que cela peut vous faire ?

— Je vous le dirai, répondit sir Archibald lorsque vous aurez terminé votre récit.

CHAPITRE XXVI

Les galères du sultan étaient loin encore, poursuivit Tony. Il fallait plus de deux heures pour qu'elles entrassent dans le port et pussent débarquer leurs équipages.

Ma-Eddin était un homme de résolution.

Il savait que dans le sud de l'île, qui était très-montagneux, il y avait une caverne profonde et vaste où lui, ses compagnons et leurs troupeaux trouveraient momentanément un abri.

On plia donc les tentes, on poussa les bestiaux en avant, et tandis que les Turcs débarquaient au nord, Ma-Eddin et ses compagnons se réfugiaient dans la caverne dont l'entrée était obstruée par des broussailles.

Les Turcs parcoururent l'île.

Nulle part ils ne trouvèrent Ma-Eddin.

Le cadavre de Judasich, exposé au soleil, était devenu la proie des corbeaux.

Auprès de ce cadavre un enfant pleurait.

C'était le second fils du traître.

Isa, qui servait de guide aux Turcs, se jeta dans ses bras, et les deux enfants dirent au pacha qui conduisait les troupes de Mahomet II :

— Si vous voulez nous jurer de venger notre père, nous vous indiquerons la retraite de Ma-Eddin.

Les Turcs jurèrent, et les deux fils du traître tinrent leur parole.

Ils conduisirent les Turcs à l'entrée de la grotte.

Mais Ma-Eddin et ses compagnons avaient entassé des quartiers de roche devant l'entrée et les premiers soldats turcs qui se présentaient furent massacrés.

Alors, les autres, ivres de rage, mirent le feu aux broussailles environnantes.

Le feu gagna les forêts voisines.

Un vent violent qui s'éleva de la mer repoussa la flamme et la fumée dans l'intérieur de la grotte, et pendant deux jours et deux nuits l'île fut en feu.

Ma-Eddin et ses compagnons avaient sans doute été brûlés vifs.

Ce ne fut que le troisième jour, quand l'incendie se fut éteint en dehors, que le pacha donna l'ordre de pénétrer dans la grotte.

Mais les premiers soldats qui essayèrent d'y entrer, revinrent aussitôt en disant que les rochers de la caverne étaient brûlants et que l'air manquait.

Il fallut attendre encore.

Le pacha fit camper ses troupes aux alentours, attendant que les parois de la caverne se fussent refroidies.

Alors il voulut y entrer le premier.

Mais à peine avait-il fait quelques pas en avant qu'il tomba mort.

La grotte était jonchée de cadavres en putréfaction, et de ces cadavres s'exhalaient des miasmes mortels. Un ennemi plus terrible que les hommes, la peste, défendait maintenant le seuil de la caverne.

Et les Turcs épouvantés battirent précipitamment en retraite et se rembarquèrent au plus vite.

Quand le sultan apprit cette expédition malheureuse, il entra en fureur.

Il envoya une nouvelle armée dans l'île ;

mais elle battit en retraite comme la première.

La peste régnait en souveraine sur toute l'île de Chypre, et pendant bien des années les navires passèrent au large et s'éloignèrent à toute voile de ce lieu maudit.

Mahomet était mort et ses successeurs ne songèrent plus aux introuvables trésors de Ma-Eddin.

Celui-ci cependant n'avait point partagé le sort misérable de ses compagnons.

La caverne avait une double issue, une sorte de trou à renard par lequel un homme pouvait s'échapper en rampant comme un reptile.

Lorsque les Turcs avaient mis le feu aux broussailles, Ma-Eddin avait dit à ses compagnons :

— Je connais une issue par laquelle une dizaine d'hommes seulement peuvent s'échapper.

Cette issue aboutit à la mer, et dans une anfractuosité de rochers il y a une barque amarrée.

Mais elle ne peut pas contenir plus de dix personnes. Tirez au sort parmi vous à qui s'embarquera.

— Maître, répondit Moctar, la vie des hommes n'est rien, les doctrines sont tout. Si vous n'êtes pas de ceux qui se sauveront, qui donc prêchera votre loi?

Vous devinez le reste, sir Archibald; il y avait eu un combat de générosité entre Ma-Eddin et ses compagnons, combat à la suite duquel Ma-Eddin était parti avec ses deux disciples, leur famille et ses deux fils.

— Mais le trésor...

— Le trésor est dans la grotte, qu'aujourd'hui encore on appelle la grotte des pestiférés.

— Et vous pensez qu'il y est encore?

— D'après le manuscrit il est si bien caché que je doute qu'on l'ait trouvé. Maintenant le reste de l'histoire de Ma-Eddin est fort simple.

Moctar avait un fils et Kougli-Hassan un autre.

Le premier suivit Ma-Eddin en Occident.

Le second retourna en Orient.

A travers les siècles une filiation mystérieuse se continua entre les deux races qui devaient se rejoindre un jour, à l'époque indiquée par Ma-Eddin.

Des enfants de Moctar, les uns restèrent en France et se transmirent de génération en génération la connaissance de cette langue mystérieuse créée par Ma-Eddin.

Les autres revinrent au Liban, et le vieux

prêtre, qu'a trouvé Raymond de Mahédin, devait emporter le secret de cette langue dans la tombe si le dernier fils du Prophète ne se présentait à lui à l'époque fixée.

— Je comprends tout, dit sir Archibald. Maintenant il faut songer à venger Judasich.

Ces paroles firent faire un soubresaut à Tony.

— Venger Judasich ! murmura-t-il.
— Oui.
— Vous ?
— Moi...
— Mais... pourquoi...
— Pourquoi ? dit sir Archibald, dont les yeux brillèrent, et dans le cœur de qui s'alluma une haine violente et subite. Vous allez le savoir.

Et il se dépouilla de sa robe de chambre et mit à nu son épaule gauche.

Il y avait sur cette épaule une tache brune, garnie d'une touffe de poil.

— Mon père avait le même signe et tous mes aïeux avant lui, dit-il. Je suis le dernier descendant de Judasich.

— Vous vous trompez, dit froidement Tony. Moi aussi, je descends de lui.

CHAPITRE XXVII

Tony et sir Archibald se regardèrent un moment, aussi étonnés peut-être l'un que l'autre.

Puis enfin Tony reprit la parole :

— Oui, dit-il, moi aussi j'ai sur l'épaule une marque semblable à la vôtre. Mais comme je suis un enfant trouvé, un pauvre diable qui n'a jamais connu sa famille, je ne puis dire si mon père et les aïeux de mon père portaient le même signe ; seulement, voyez...

Et Tony se dépouilla de ses vêtements et montra son épaule à sir Archibald.

Les deux signes étaient si parfaitement semblables que l'Anglais ne put s'empêcher de dire :

— Il est impossible que nous ne soyons pas de la même race.

— Je le crois, dit Tony.

— Par conséquent, les descendants de Judasich.

Un sourire mauvais plissa les lèvres minces du jeune homme.

— Ce signe ne prouverait rien, dit-il, que notre caractère prouverait tout.

Sir Archibald tressaillit.

— Mon cher monsieur, poursuivit Tony, voulez-vous mon histoire en deux mots ? Vous verrez que je suis digne de vous.

— Parlez.

— Je suis, comme je vous l'ai dit, un enfant de la charité. J'ai été recueilli par un brave homme de chimiste et de savant qui s'appelait Callebrand.

— Fort bien, dit sir Archibald.

— Callebrand, poursuivit Tony, rêvait une grande découverte qui devait l'enrichir, lui et sa fille, car il avait une fille fort belle et dont j'étais passionnément amoureux.

— Ah ! ah ! ricana sir Archibald.

— Callebrand trouva ce qu'il cherchait : il déroba à la nature un de ses plus importants secrets, la malléabilité des métaux.

Naturellement je trahis le maître, en haine de sa fille qui avait dédaigné mon amour, et je vendis son secret à deux industriels, MM. Baül et Tompson.

Sir Archibald jeta alors sur Tony un singulier regard.

Tony était pauvrement vêtu; son paletot usé jusqu'à la corde, son chapeau rougi sur les bords, son linge effilé et frangé et ses chaussures éculées disaient qu'il était pauvre.

— Si vous leur avez vendu le secret du maître, dit froidement sir Archibald, ils ne vous l'ont sans doute pas payé bien cher.

— Ils ne me l'ont pas payé du tout.

— Ah!

— Mais je suis leur associé.

Sir Archibald regarda une seconde fois Tony.

— Etes-vous fou? dit-il.

— Pas le moins du monde.

— Comment! vous vendez une découverte aussi importante que la malléabilité des métaux et on ne vous la paye pas?

— Non, mais vous allez voir comment.

Et Tony raconta à sir Archibald comment une chose manquait au secret dérobé : le moyen de durcir de nouveau les métaux, rendus aussi souples que de la terre glaise. Callebrand était devenu fou, mais avant de perdre la raison, il avait eu le temps de briser les deux fioles mystérieuses qui correspondaient par deux fils électriques à la table sur laquelle était posée l'aiguière.

Et s'animant à ces souvenirs, Tony poursuivit :

— J'ai vainement cherché depuis un an, car il y a un an de cela... J'espérais trouver néanmoins et je me disais : Quand j'aurai trouvé, les Baül et Tompson me fourniront l'argent nécessaire à mettre la découverte en lumière.

— Et vous n'avez rien trouvé jusqu'à présent ?

— Rien ; heureusement je vous ai rencontré, ou plutôt j'ai surpris le secret du vieil Arménien.

— Pardon, dit sir Archibald, nous causerons de cela tout à l'heure. Parlons maintenant de votre découverte.

— Je vous ai dit qu'elle était incomplète.

— J'entends bien. Mais qu'est devenu Callebrand ?

— Il est fou.

— Où est il ?

— Dans une maison d'aliénés dirigée par un certain Ali-Kan, lequel, dit Tony, n'est autre que le dernier descendant de Kougli-Hassan.

Sir Archibald fit un geste d'étonnement. Tony poursuivit :

— Ali-Kan est venu pour obéir à cet ordre mystérieux de Ma-Eddin qui a traversé les siècles, en attendant qu'il devienne votre esclave, puisque, maintenant, ricana Tony, vous êtes le vrai fils de Ma-Eddin.

— Après? dit sir Archibald fronçant le sourcil.

— En attendant ce moment-là, dis-je, Ali-Kan fait de la médecine pour son plaisir, et il s'est mis en tête de guérir Callebrand.

— Ce que vous ne voulez pas?

— Mais... au contraire...

— Expliquez-vous donc, fit sir Archibald étonné.

— C'est bien simple, reprit Tony. Si Callebrand revient à la raison, il se remettra à son œuvre.

— Après?

— Et on verra à lui voler son secret plus adroitement que la première fois; mais, ajouta Tony avec cynisme, ce n'est plus pour moi qu'une question secondaire, en vérité.

— Plaît-il? fit sir Archibald.

— En vous racontant l'histoire de Callebrand, j'ai voulu vous bien prouver que j'étais le vrai descendant de Judasich.

— Je le crois.

— Aussi bien que vous, poursuivit Tony avec cynisme, car vous vous êtes débarrassé du vrai Mahédin en homme qui a dans les veines du vrai sang des traîtres.

Sir Archibald fit la grimace; le compliment de Tony ne le flattait que médiocrement.

Celui-ci reprit :

— L'important maintenant, c'est de retrouver le trésor de Ma-Eddin.

— Et de reconstituer sa religion mystérieuse, sans doute? insinua le baronnet.

— Non, mais de nous débarrasser de tous ces bonshommes qui prennent au sérieux le testament du prophète.

— Fort bien.

— Enfin de venger notre aïeul, le véritable Judasich.

— Mais, dit froidement sir Archibal, j'y ai songé.

— Je le sais.

— J'ai même commencé, sans m'en douter.

— Oui, puisque Raymond de Mahédin est fou.

— Eh bien, autant cela que de le tuer.

— D'accord, mais Ali-Kan le guérira.

— Que dites-vous? exclama sir Archibald.

— Je dis que Mme Asaléa, pour l'amour de qui vous avez pu vous débarrasser de Raymond, l'a conduit chez le docteur Ali-Kan.

— Dites-vous vrai?

— Et le docteur, si nous lui en laissons le temps, le guérira, et alors...

— Alors? fit sir Archibald.

— Ce n'est pas nous, c'est lui qui aura les trésors de Ma-Eddin.

Sir Archibald eut un geste d'impatience.

— Ah çà, dit-il, mais est-ce que vous avez la prétention de vous associer avec moi?

— Sans aucun doute.

Et Tony prononça ces mots avec l'accent d'une froide résolution.

— Mais... je vous ferai observer...

— Part à deux! répéta Tony.

Sir Archibald caressa de nouveau, sous sa robe de chambre, le manche de son poignard.

— Et si je ne voulais pas, moi? dit-il.

— Vous auriez tort, dit Tony avec calme.

Sir Archibald sentit son cœur battre avec violence.

— J'ai envie de le tuer, murmura-t-il.

CHAPITRE XXVIII

Il y eut encore un silence entre ces deux hommes qui étaient aussi prêts de s'entendre et de se donner la main que de devenir des ennemis irréconciliables.

Ce fut encore Tony qui parla le premier.

Mais il fit précéder sa parole d'un geste aussi inattendu que rapide.

Il tira de la poche de son pantalon de cotonnade bleue, large comme celui d'un hussard ou d'un chasseur d'Afrique, un objet que sir Archibald reconnut sans aucune hésitation.

C'était un revolver.

Tony avait été plus malin que le baronnet; il opposait à un poignard les six balles d'un revolver fabriqué par l'honorable gentleman le colonel Kolt.

Puis, quand il eut étendu vers sir Archibald le revolver tout armé, il lui dit froidement.

— Vous voyez bien, mon cher cousin, car nous sommes au moins cousins, que rien ne nous presse et que nous pouvons causer tout à notre aise.

— Monsieur, dit sir Archibald avec un sourire railleur, vous êtes un homme de précaution.

— Comme vous et plus que vous, répondit Tony, car j'ai lu dans vos yeux, il y a trois minutes, que vous alliez vous jeter sur moi et m'étrangler, si toutefois vous ne me plantiez pas un poignard dans la gorge.

Et Tony ajouta en ricanant.

— Je parie que vous avez un poignard :

— Le voilà, dit sir Archibald.

Et il montra le stylet à manche d'ivoire.

Tony haussa les épaules :

— Nous sommes de grands enfants, dit-il, et Judasich notre aïeul désapprouverait de semblables défiances. Maintenant causons...

— Je le veux bien, dit sir Archibald.

— Je vous disais donc que je voulais la moitié du trésor de Ma-Eddin.

— C'est beaucoup.

— J'en conviens; mais je gage que Raymond de Mahédin ne chicanerait pas pour si peu, lui!

— Raymond est fou...

— Ali-Kan le guérira, surtout si je vais lui dire, preuves en mains : Le vrai descendant de Ma-Eddin, c'est lui; l'autre n'est qu'un imposteur.

Sir Archibald se mordit les lèvres :

— Vous me tenez, murmura-t-il.

— Plus encore que vous ne pensez, dit Tony, vous allez voir. Quand je me suis décidé à venir ici, j'ai voulu tout prévoir. J'ai écrit au docteur Ali-Kan.

— Vous avez fait cela? s'écria sir Archibald avec un geste d'effroi.

— Je l'ai fait.

— Mais alors.... Ali-Kan saura tout.

— Non, car la maîtresse de l'humble garni dans lequel je loge a ordre de ne mettre la lettre à la poste que ce soir, si je ne reparais pas.

Sir Archibald respira bruyamment.

— Vous voyez bien, reprit Tony, que je ne me suis pas embarqué sans biscuit. J'ai même écrit une seconde lettre qui partirait avec celle du docteur, s'il m'arrivait quelque accident.

— A qui donc? demanda sir Archibald qui fronça de nouveau le sourcil.

— A Aléa; je lui raconte dans mon épître comment son cher Raymond est devenu fou, et je l'engage à s'entendre avec le docteur Ali-Kan pour démasquer le traître et l'imposteur.

Sir Archibald grattait avec fureur sa poitrine et y enfonçait ses ongles.

— Mais, dit-il tout à coup, une chose m'étonne, mon.... cher cousin.

Et il souligna l'épithète d'un sourire railleur.

— Laquelle? demande Tony.

— Connaissant avant moi toute l'histoire de Ma-Eddin, pourquoi ne vous est-il point venu l'idée d'avoir tout?

— Le trésor tout entier?

— Oui.

— Je vais vous le dire, et c'est bien simple. Vous savez où doit être ce trésor?

— Oui, dans l'île de Chypre.

— Je suis sans le sou. Comment donc voulez-vous que je m'embarque pour l'île de Chypre?

— C'est juste.

— Et puis, dit Tony, vous pensez bien

— qu'une pareille expédition n'est pas sans présenter quelques difficultés.

— J'en conviens.

— Vous ferez bien d'armer un navire à vous, d'avoir des gens à vous et de prendre toutes vos précautions. Les autorités anglaises et turques se moquent parfaitement des volontés dernières de Ma-Eddin le saint.

— C'est plus que probable.

— Et nous serons peut-être obligés de faire un long séjour dans l'île avant de trouver le moment favorable à l'exhumation du trésor.

— Vous comptez donc venir avec moi ?

— Mais... sans doute...

Sir Archibald courba la tête et ne répondit pas.

— Vous sentez bien, dit Tony, qu'à partir de ce moment, nous ne nous quittons plus.

— Oh ! j'entends bien...

— Vous me donnerez aux descendants de Moctar et de Kougli-Hassan comme votre cousin germain.

Sir Archibald fit encore la grimace.

— Par conséquent, poursuivit Tony, comme un autre descendant de Ma-Eddin.

Puis, en attendant, continua-t-il avec effronterie, vous m'enverrez chez votre tailleur et vos autres fournisseurs, car, comme vous le voyez, je suis en piteux état, et vous me donnerez quelques centaines de guinées pour ma poche.

Sir Archibald pensait, tandis que Tony détaillait son programme :

— Tu n'auras pas toujours ton revolver, et tu finiras bien par me rendre les deux lettres que tu as écrites. Alors je trouverai certainement quelque bonne occasion de me débarrasser de toi.

Mais comme s'il eût deviné ce que pensait sir Archibald, Tony ajouta :

— Vous allez voir que je suis un homme prudent jusqu'au bout.

— Comment cela ? fit sir Archibald souriant.

— Je vous ai dit que j'avais écrit deux lettres ?

— Oui, l'une au docteur Ali-Kan, l'autre à Mme Aléa.

— J'irai voir ma logeuse ce soir, et elle ne les enverra pas. Mais je lui laisserai mes deux lettres en lui disant : Je reviendrai demain et les jours suivants ; tant que vous me verrez...

— Bon ! je comprends, fit sir Archibald qui se mordit les lèvres ; si un jour elle ne vous voit pas, elle les mettra à la poste.

— Précisément.

Puis Tony regarda sir Archibald en riant.

— Vous voyez bien, dit-il, qu'on ne se débarrasse pas de moi comme on veut.

— Vous êtes très-fort, répondit l'Anglais.

— Ainsi vous acceptez toutes mes conditions?

— Il le faut bien.

— Alors, mon cher cousin, part à deux!

Et Tony tendit la main à sir Archibald.

— Part à deux! répondit l'Anglais avec un soupir.

Le pacte était conclu.

— Et maintenant, acheva Tony, à nous deux les vrais descendants de Ma-Eddin, de Moctar et de Kougli-Hassan! j'ai soif de vengeance.

CHAPITRE XXIX

MM. Baül et Tompson, ces parfaits modèles de la raison sociale et de l'amitié dans le commerce, s'étaient quelque peu attardés à table, ce jour-là, dans le bureau du grave M. Baül où ils avaient coutume de déjeuner.

M. Baül, long et sec, comme on le sait, était cependant un homme frugal, surtout le matin, et il avait coutume de morigéner vertement son caissier, ses deux teneurs de livres et les autres commis de l'usine s'ils dépassaient la maigre demi-tasse qu'il leur accordait pour ce repas.

Tandis que le bon M. Tompson, l'homme rond et jovial, engloutissait en se jouant des tranches de rumsteak et des sandwichs, buvait force tasses de thé, deux ou trois verres de whisky et fumait jusqu'à trois trabucos coup sur coup, l'ascète M. Baül mangeait un œuf à la coque, buvait un verre d'eau et assaisonnait le tout d'un sermon sur la tempérance.

Cependant, ce jour-là, il était près de deux heures, et les deux associés étaient toujours à table.

Au lieu d'un œuf à la coque, M. Baül en avait mangé deux.

Au lieu de trois verres de whisky, M. Tompson en avait bu six.

Cependant cette petite orgie ne prenait pas précisément sa source dans une folle joie.

C'était un vrai déjeuner d'affaires qu'avaient fait ces messieurs.

L'un avait mangé et l'autre avait bu, par distraction pure.

La conversation avait même été quelque peu nuageuse et sombre.

Le grave M. Baül reprit :

— Il ne faut pas nous le dissimuler, mon cher associé, depuis notre expédition de l'île Saint-Louis, nos affaires vont assez mal.

— Bah! bah! répondait M. Tompson, tout s'arrangera un jour ou l'autre.

— C'est possible. Mais, en attendant, suivez bien mon raisonnement.

— Je vous écoute.

Et M. Tompson avala un septième verre de whisky.

M. Baül continua :

— Nous avons eu tort d'écouter ce misérable petit Tony.

— Pourquoi?

— Parce que le prétendu secret de son maître Callebrand n'a servi qu'à rendre fou ce dernier.

— Bon!

— Que Callebrand nous était fort utile, et que, maintenant, loin de posséder la découverte de la malléabilité des métaux, nous nous sommes privés de ses services.

— C'est vrai.

— Et Callebrand nous était utile.

— Je ne dis pas non.

— Sans compter que Tony nous est à charge... il faut le faire vivre.

— La première fois qu'il viendra, je le jetterai à la porte, dit froidement Tompson.

— Vous aurez tort.

— Bah!

— Sans doute, car c'est un méchant drôle capable de nous dénoncer à la justice.

— Il se dénoncerait lui-même...

— Sans doute. Mais il prendra la peine de filer auparavant, et quand il sera en Suisse ou en Belgique, sinon en Angleterre, il écrira une bonne dénonciation au procureur impérial.

— Elle n'aboutira pas!

— Soit, mais on nous tracassera toujours quelque peu, et j'ai horreur du bruit et du scandale.

— Vous avez raison, dit Tompson. Il vaut mieux continuer à lui donner par-ci par-là quelques écus.

— Avec sagesse et économie, observa Baül.

— C'est comme cela que je l'entends.

Tompson s'épanouit en son gros rire et vida de nouveau son verre.

Baül poursuivit :

— Avez-vous remarqué que depuis ce jour-là — il faisait allusion à la scène de l'île Saint-Louis — rien ne nous réussit?

— C'est vrai, soupira Tompson.

— Nous avons été pris dans trois faillites, en Angleterre.

— Hélas!

— La loi sur le libre-échange, en permettant l'introduction des fers anglais, nous ruine.

— Ah! dit Tompson d'un air piteux, qui contrastait singulièrement avec sa mine florissante, ce serait bien le cas de trouver la malléabilité des métaux.

— Nous l'avons trouvée...

— C'est-à-dire, fit Tompson, que nous savons bien, maintenant, comment Callebrand s'y prenait pour convertir le fer ou le cuivre en matière souple comme de l'argile; mais, ce que nous ne savons pas, c'est le moyen de leur rendre ensuite leur dureté première.

— Hélas! dit M. Baül d'un ton navré. Et c'est pour cela que je voulais vous proposer...

— Quoi donc?

— Une bien belle idée qui m'est venue ce matin.

— Oh! voyons.

— Vous savez qu'en devenant fou Callebrand est tombé dans la misère.

— Parbleu! dit M. Tompson, il était déjà couvert de dettes. C'est tout simple.

— Sans doute. Il est donc hors d'état de se guérir. Sa fille tire l'aiguille du soir au matin et du matin au soir, et suffit à peine à le faire vivre.

— Eh bien?

— Eh bien! si nous placions Callebrand dans une maison de santé?

— Bon!

— Peut-être guérirait-il...

— Et... alors?

— Alors, il se remettrait à l'œuvre... et... vous comprenez...

— Oui... oui..., fit Tompson en clignant de l'œil.

Mais M. Baül n'eut pas le temps de développer plus clairement sa pensée, car une voiture s'arrêta à la porte de l'usine et, peu après, la cloche qui annonçait l'arrivée d'un visiteur se fit entendre.

CHAPITRE XXX

M. Tompson avait son bureau sur la rue, cette longue rue de Flandre, à la Villette, toute noire de la fumée de cent usines dressant aux environs leurs pyramidales cheminées de briques.

Quand il eut entendu le bruit de la voiture et le coup de cloche, l'honnête industriel, qui était curieux, se leva de table et se dirigea vers la fenêtre.

Il voulait savoir quel visiteur leur arrivait.

Mais quel ne fut pas l'étonnement de M. Baül, qui n'avait pas bougé, en voyant son associé reculer brusquement, se frotter les yeux et murmurer :

— C'est trop fort ! je crois bien que je rêve !...

— Qu'est-ce donc ? fit M. Baül.

Et il se leva à son tour.

La voiture qui venait de s'arrêter à la porte était un coupé de maître des plus élégants et des plus simples à la fois. Caisse brune, train brun à rechampis marron, lanternes noires. Un cocher en livrée du matin, mais dont l'embonpoint précoce et l'excellente attitude révélaient un Anglais, tenait le quadruple lacet des guides et des rênes de sûreté d'une main, tandis que de l'autre il appuyait le manche de son fouet sur sa cuisse.

Un admirable double poney d'Irlande sous poil alezan brûlé était attelé au coupé.

Enfin, de cette confortable voiture, MM. Baül et Tompson ébahis virent descendre un parfait gentleman qui jouait avec la crosse d'ivoire d'un stick et s'était fiché dans l'œil droit un monocle des plus impertinents.

Et, de plus en plus stupéfaits, MM. Baül et Tompson reconnurent en lui Tony.

Tony, le petit misérable qui avait vendu son maître pour un morceau de pain, Tony, le va-nu-pieds qui, huit jours auparavant, était venu demander cinquante francs à M. Baül, qui les lui avait donnés en faisant la grimace !

Tony, enfin, qui, pour l'heure, semblait avoir hérité de quelque fortune fabuleuse ou avoir été adopté par quelque nabab mystérieux.

Il avait sonné en maître.

Les deux associés étaient tellement pétrifiés qu'ils ne bougèrent pas en entendant résonner dans le corridor son pas conquérant.

Quand la porte du bureau, converti en salle à manger, s'ouvrit et que Tony en franchit le seuil, ils se frottaient encore les yeux.

— Bonjour, mes très-chers, dit Tony d'un ton dégagé, bonjour.

Il ferma la porte et prit une chaise, tout cela avant que M. Baül eût songé à la lui offrir et que M. Tompson eût trouvé un mot pour peindre sa stupéfaction. La veille encore, M. Baül, qui était un homme de principes austères, et M. Tompson, qui se piquait de résumer en lui le type du parfait gentleman, eussent singulièrement froncé le sourcil en entendant Tony leur jeter à la face cette épithète sans-façon de *très-chers;* mais Tony était maintenant si bien couvert, il descendait d'un si beau coupé, que le sourire fit place chez eux à la stupeur.

— Excusez-nous, dit Baül, mais...

Tompson acheva la phrase.

— Il vous est sans doute arrivé une bonne fortune ?

Tony eut un petit rire dédaigneux et sec.

— Mes chers bons, leur dit-il, je viens vous faire mes adieux.

— Vos adieux ?...

Et Baül se trémoussa sur sa chaise.

— Où donc allez-vous ? demanda Tompson.

— Chercher un héritage.

— Ah ! bah ! fit Baül.

— Vous savez, reprit Tony, que j'étais un enfant abandonné...

— Et vous avez retrouvé vos parents ?

— Mieux que cela, j'ai retrouvé l'héritage qu'ils mont laissé.

— Et... cet héritage ?...

— Oh ! dit Tony d'un ton railleur, c'est une misère !... Une vingtaine de millions peut-être.

M. Tompson fut si ému en entendant prononcer ce chiffre, qu'il avala coup sur coup deux verres de whisky pour se remettre.

Mais M. Baül pâlit et un soupçon traversa son cerveau.

Puis oubliant que Tony était devenu un homme des mieux couverts et qu'il allait en voiture, il le prit rudement au collet et lui dit :

— Misérable !

— Que faites-vous ? exclama M. Tompson stupéfait.

— A qui en avez-vous ? demanda Tony en se dégageant lestement.

— Vous nous avez trahis ! dit M. Baül.

— Moi !

— Oui, vous avez trouvé le secret de Callebrand.

Tony partit alors d'un éclat de rire si franc, si net, que M. Baül en demeura tout interdit.

— Excusez-moi... balbutia-t-il

— Je m'attendais à ce soupçon, dit froidement Tony ; il fait honneur à votre caractère, cher monsieur Baül, et je l'aurais eu à votre place. Mais... rassurez-vous... je n'ai rien trouvé... sinon la trace de ma famille et un modeste héritage que je vais chercher. Je pars demain.

— Pour quel pays ? demanda Tompson.

— Pour l'Orient.

— Ah ! bah !

— Et je viens vous demander un petit service.

— Parlez ! dit M. Tompson avec empressement.

— Vous êtes trop intelligents, continua Tony

d'un ton courtois, pour qu'une idée qui m'est venue ne vous soit point venue aussi.

— Laquelle ?

— Celle de guérir Callebrand.

— Justement, nous en parlions ce matin.

— Là, voyez-vous !

— Vraiment ! Est-ce que cela se guérit, la folie ? demanda naïvement M. Tompson.

— Quelquefois.

— Eh bien ?

— On a déjà commencé la cure de Callebrand.

— Ah ! bah ! fit M. Baül, et qui donc ?

— Un médecin arménien, le docteur Ali-Kan.

— Bon !

— Je venais vous charger de surveiller notre cure.

— Ah ! fit Baül.

— Vous avez confiance en nous ? dit Tompson, évidemment flatté.

— Non, dit sèchement Tony ; à présent que j'ai vingt millions en perspective je me moque parfaitement de la malléabilité des métaux. Mais je voudrais bien guérir Callebrand.

— Vous vous intéressez donc à lui ? demanda M. Baül d'un ton railleur,

— Pas à lui... mais... à sa fille.

Et Tony eut un sourire qui fit frémir ces deux bandits appelés Baül et Tompson.

— C'est bien, dit le premier, nous ferons ce que vous voudrez.

— On n'a rien à vous refuser, dit Tompson.

. . . .

Une heure après, Tony quittait MM. Baül et Tompson, remontait en voiture et se disait :

— Ah! Marthe, vous m'avez dédaigné!... Eh bien! cela vous coûtera cher!

CHAPITRE XXXI

Tony s'entretint assez longuement avec MM. Baül et Tompson et leur donna sans doute de minutieuses instructions relativement à Callebrand et à sa fille Marthe, devenus tous deux les hôtes du docteur Ali-Kan.

Puis, il prit congé d'eux, et fut reconduit jusqu'à son coupé avec force cérémonies et obséquiosités.

La fortune change tant de choses !...

M. Tompson en avait perdu sa rondeur insolente, et M. Baül pliait l'échine comme un chambellan de comédie.

Tony se fit conduire de la Villette à l'hôtel du Louvre où sir Archibald continuait à se donner des airs orientaux sous le nom de Ma-Eddin, n'osant plus guère, du reste, sortir le jour, de peur d'être rencontré par ses anciennes connaissances, et forcé de leur donner des explications.

D'ailleurs, depuis environ quinze jours que Tony lui avait fait sa première visite, le baronnet vivait presque en inséparable avec le jeune homme.

Ce dernier, bien entendu, logé, vêtu, carrossé et nourri aux frais de sir Archibald, en attendant la moitié du fabuleux héritage de Ma-Eddin.

— Eh bien? dit Tony en arrivant.

— Rien encore, répondit sir Archibald.

— Est-ce que ces gens-là se moquent de nous? murmura Tony en fronçant le sourcil.

Pour avoir l'explication de ces paroles, il est nécessaire de se reporter au commencement de cette histoire, c'est-à-dire au moment où sir Archibald, empruntant la personnalité du vrai Raymond de Mahédin, était descendu dans le puits.

Les descendants de Moctar représentés par le vieillard et ses compagnons n'avaient nullement douté de son identité.

Ceux de Kougli-Hassan, pas davantage.

Néanmoins, Ma-Eddin le prophète avait pris des précautions si minutieuses, qu'un des paragraphes de ce curieux mémoire, coupé en deux morceaux qu'il fallait rapprocher pour en trouver le sens, disait :

« Après que mes descendants, à l'époque fixée, se seront présentés aux descendants de mes deux disciples, une autre entrevue sera désignée entre eux à quinze jours de distance.

« Là seulement on saura où est le trésor que je laisse pour assurer l'indépendance de ma doctrine. »

Le vieillard qui avait servi d'introducteur à sir Archibald lui avait, comme on sait, annoncé qu'il recevrait sous trois ou quatre jours le mémoire traduit.

En effet, comme on l'a vu, le vieil Arménien, voisin de Tony, avait tenu parole.

Seulement, au mémoire il avait ajouté un billet ainsi conçu :

« Une réunion nouvelle du moine et des disciples aura lieu prochainement, mais il est impossible encore d'en fixer le jour, tous ceux que nous attendons n'étant pas encore arrivés. Que le fils de Ma-Eddin prenne patience, les temps sont proches! »

Depuis quinze jours donc, sir Archibald attendait et ne voyait rien venir.

C'était à ce nouveau rendez-vous que Tony avait fait allusion en arrivant.

— Non, rien encore! répéta sir Archibald.

— Je crois que ces gens-là se moquent de nous!... dit Tony. Si nous passions outre...

— Hein? fit sir Archibald.

— Si nous partions fort tranquillement pour l'île de Chypre?

— J'y ai déjà songé, repartit sir Archibald, mais c'est dangereux.

— Pourquoi?

— Parce que si nous disparaissons, les descendants de Moctar n'auront pas grand'chose à faire pour découvrir la vérité et savoir que nous sommes des imposteurs.

— Vous avez raison, dit Tony.

— Et puis, continua Archibald qui passa la main sur son front comme pour en chasser un nuage, j'ai de la peine à quitter Paris.

— Pourquoi?

Sir Archibald se renversa dans son fauteuil, rejeta lentement la dernière bouffée de son cigare qu'il laissa ensuite tomber dans le feu, et dit :

— Croiriez-vous que je suis amoureux !

Tony le regarda d'un air à la fois étonné et moqueur, un air qui voulait dire :

— Je ne vous en aurais jamais cru capable.

— C'est pourtant la vérité, répéta Archibald.

— Oui, je sais, de Mme Aléa.

— Justement.

Tony parut réfléchir, et dit enfin :

— On prétend qu'elle porte malheur.

— Oui, on le dit.

— Vous feriez bien de la fuir, en ce cas.

Un sourire dédaigneux effleura les lèvres du baronnet.

— Pour qui me prenez-vous ? dit-il.

— Mon cher cousin, répliqua Tony qui donnait cette épithète au baronnet avec une certaine joie malicieuse, je vous ferai observer une chose.

— Laquelle ?

— C'est que vous ne vous appartenez pas.

— Ah ! c'est juste, ricana sir Archibald.

— Lorsque nous aurons partagé le trésor de Ma-Eddin, poursuivit Tony froidement, il vous sera loisible de porter votre moitié à Mme Aléa et de vous exposer à tous les malheurs possibles. Mais, d'ici là...

Sir Archibald était devenu rêveur.

— Je suis fou de cette femme, murmura-t-il enfin.

— Soit, mais je vous engage à attendre notre retour de Chypre pour l'aller voir.

Tandis que Tony parlait, un garçon de l'hôtel entra, apportant une lettre à l'adresse du faux Ma-Eddin.

Sir Archibald l'ouvrit.

Elle ne contenait que ces deux lignes :

« Le fils de Ma-Eddin est attendu au même endroit le 7 décembre. »

Sir Archibald consulta le calendrier accroché auprès de la cheminée.

On était au 6 du même mois.

— C'est pour demain, dit-il.

Tony respira.

— Enfin ! murmura-t-il, tandis que son visage s'épanouissait.

Mais à peine le garçon de l'hôtel était-il sorti, qu'on frappa de nouveau à la porte.

Cette fois, c'était le valet de chambre de sir Archibald, qui était demeuré rue du Helder et apportait chaque jour la correspondance du baronnet.

Il était porteur d'une lettre unique.

Mais la vue de cette lettre fit pâlir sir Archibald ; il eut un violent battement de cœur et sa main trembla en brisant le cachet.

Cette lettre qu'il n'attendait pas, cette écriture qu'il voyait pour la première fois, il savait d'avance d'où elle venait.

Et sa pâleur augmenta lorsqu'il lut :

« Mademoiselle Asaléa de Hoffstein prie sir Archibald de lui faire l'honneur de venir ce soir prendre une tasse de thé chez elle. »

— Vous n'irez pas! s'écria Tony.

— J'irai! répondit sir Archibald avec l'accent de la volonté.

CHAPITRE XXXII

Asaléa, ce soir-là, était seule encore à huit heures et demie du soir.

Depuis huit jours, c'est-à-dire depuis l'heure où on avait conduit son cher Raymond dans la maison du docteur Ali-Kan.

Le lendemain de ce jour, elle avait de nouveau consigné cet étrange personnage qui, pour Paris entier, s'appelait le baron de Hoffstein, et qui pour elle, Aléa, n'était autre qu'une mystérieuse incarnation du destin.

Le major s'étant présenté, et n'ayant pas été reçu, huit jours s'étaient écoulés sans qu'il reparût.

Ce soir-là, Aléa ne l'attendait pas davantage que les autres jours.

Néanmoins elle était habillée, et il était facile de voir, à la façon dont son boudoir était éclairé, qu'elle attendait quelqu'un.

Ce quelqu'un était le docteur Ali-Kan qui lui avait promis de venir lui donner des nouvelles de son cher malade.

De temps en temps, en proie à une vive impatience, Aléa se levait et s'approchait de la croisée qui donnait sur la cour.

Le temps était sombre, il pleuvait, les Champs-Elysées étaient déserts.

Aucune des rares voitures qui passaient à de longs intervalles ne s'arrêtait à la grille de l'hôtel.

Aléa allait et venait de son fauteuil à la croisée, et de la croisée à son fauteuil.

Mais tout à coup elle tressaillit et se leva tout d'une pièce.

Sans que la porte se fût ouverte, sans qu'on eût sonné à la grille, sans que rien lui eût annoncé l'arrivée d'un visiteur, elle vit un homme debout devant elle.

Cet homme, c'était le major.

Par où était-il entré? D'où venait-il? Avait-il passé comme une ombre à travers les murs, ou était-il sorti du plancher comme le personnage d'une féerie?

Mystère !

Toujours est-il qu'il était là debout, en habit de voyage, en manteau garni de fourrures sur le bras, et chaussé de bottes molles comme un étudiant allemand.

Son rire caustique retentissait comme un bruit métallique, et son regard était railleur.

— Que voulez-vous encore et comment êtes-vous ici ? lui demanda Aléa avec une sorte de terreur.

— Je viens vous faire mes adieux, dit-il.

Aléa eut un mouvement de joie :

— Vous partez ? dit-elle.

— Oui.

— Pour longtemps ?

— Pour toujours. Vous ne me reverrez plus en ce monde.

Il s'assit et lui prit la main :

— Voyons, lui dit-il, au moment de nous séparer, laissez-moi faire une supposition.

Elle le regardait muette, étonnée, tremblante.

— Supposez, reprit-il, que ce rêve bizarre que vous avez fait soit une réalité.

— Après ?

— Que vous soyez une des trois Parques, Atropos, celle qui tuait... et moi le Destin, votre père.

— Après! après! dit-elle frémissante.

— Vous êtes en ce cas ma fille chérie, et je veux vous prouver combien je vous aime.

Elle frissonnait de plus en plus.

— En continuant ma supposition, reprit-il, il y a un fait, c'est que vous avez voulu tuer à votre gré.

— Oui, dit-elle.

— Choisissant vos victimes, épargnant ceux qui vous intéressent.

— Oui, je le voudrais, dit-elle, songeant à Raymond.

— Eh bien, si je vous donnais ce pouvoir?

— Vous!

— Si je vous disais : Quand vous voudrez tuer, vous tuerez! Quand vous ne le voudrez pas...

— Achevez! dit-elle avec angoisse.

— Hormis un seul homme, vous pourrez faire grâce à qui vous voudrez...

— Et... cet homme? demanda-t-elle anxieuse.

— C'est Raymond.

Elle chancela. Le major reprit :

— Il faut bien, mon enfant, que vous soyez punie de votre entêtement et de votre désobéissance.

— O Raymond... Raymond... murmura-t-elle d'une voix brisée de sanglots.

— Sa vie et son bonheur répondront de vous, reprit le major.

— Que dites-vous?

— Si Raymond ne vous aime pas, il vivra.

— Recouvrera-t-il la raison ?

— Peut-être.

— Et sera-t-il heureux ?

— Il est appelé à jouer un grand rôle. Voilà tout ce que je puis vous dire.

En même temps, le major tira de sa poche un petit étui d'argent ouvragé.

Cet étui renfermait un crayon.

— Tenez, dit-il, lorsqu'avec ce crayon vous toucherez quelqu'un, homme ou femme, ce quelqu'un mourra. Adieu !

Il fit un pas vers la porte, après avoir déposé le crayon sur la table du boudoir.

Puis se retournant :

— Vous trouverez dans ce secrétaire, dit-il, des titres de rentes et de propriétés. Vous êtes fabuleusement riche.

Et il s'en alla.

La porte s'ouvrit et se referma sans bruit ; ses pas ne retentirent point dans la pièce voisine.

Le mystérieux personnage avait disparu. Aléa se prit alors à respirer.

Elle respira bruyamment, elle se sentit soulagée d'une oppression singulière.

En même temps une volonté de fer pénétra dans son âme et elle se dit :

— Eh bien ! maintenant que je puis donner la mort à mon gré, — je serai une VENGERESSE !

. . . .

Quelques minutes après, le bruit d'une voiture se fit entendre dans les Champs-Elysées et vint mourir à la grille de l'hôtel.

Puis la cloche tinta et un homme entra dans la cour.

C'était le docteur Ali-Kan.

Et Aléa songea à son cher Raymond, et courut souriante à la rencontre du médecin arménien.

CHAPITRE XXXIII

Quelques minutes après, Aléa et le docteur Ali-Kan étaient assis, l'un près de l'autre, dans le boudoir de la jeune femme. Ali-Kan disait :

— Madame, votre cher malade, plus je le vois, me paraît avoir été victime d'un empoisonnement par l'opium qui, pris à une dose excessive, amène la folie.

Aléa répondit :

— Raymond était un garçon doux, aux instincts chevaleresques. Je ne lui connaissais aucun chagrin, si ce n'est son amour pour moi.

— Etait-ce un chagrin ? demanda le docteur en souriant.

Mais Aléa ne répondit point à cette galanterie. Seulement elle reprit, après un silence :

— Raymond a été, j'en suis sûre, victime d'une abominable machination.

— Madame, dit Ali-Kan, si la folie a la cause que je soupçonne, un homme ayant vécu longtemps en Orient a pu seul la causer.

— En êtes-vous sûr?

— Je ne sais qu'un médecin qui puisse inoculer violemment la folie dont je vous parle, et cela avec deux gouttes d'un élixir ou la fumée d'un cigare.

— Et l'effet se fait-il longtemps attendre?

Il est instantané, foudroyant.

— Où est le médecin?

— A Constantinople.

Aléa parut réfléchir un moment :

— Ce que vous dites là est impossible, dit-elle.

— Pourquoi?

— Parce qu'il y a plus de six mois que Raymond est de retour d'Orient.

— Il y est donc allé?

— Oui.

En ce moment, Aléa se frappa le front :

— Ecoutez, dit-elle, je vais vous dire une

étrange histoire, et que je ne sais que par l'effet du hasard.

— J'écoute, dit Ali-Kan, qu'un vague pressentiment assaillit.

— Raymond avait un vieux domestique, lequel est mort il y a seulement quelques semaines.

— Ah!

Le domestique, lorsqu'il a su que Raymond m'aimait, est venu ici et il m'a dit : Madame, mon maître est appelé à de hautes destinées, et il n'est pas allé au Liban pour rien.

— Au Liban? dit vivement Ali-Kan.

— Oui, répondit Aléa. Il paraît — c'est toujours d'après le vieux domestique que je parle — il paraît que Raymond était allé en Orient pour y retrouver la trace d'une filiation mystérieuse qui le devait mettre en possession d'une grande fortune.

Ali-Kan eut un battement de cœur.

— Pardon, madame, dit-il, je vais vous faire une question bien naïve. Comment s'appelle ce jeune homme à qui vous donnez simplement le nom de Raymond?

— Je croyais vous l'avoir dit, fit ingénument Aléa.

— Nullement.

— Il se nomme le vicomte Raymond de Mahédin.

A ce nom, Ali-Kan étouffa un cri.

Et comme Aléa tressaillait à son tour :

— Excusez-moi encore, madame, dit-il, mais comment le nom s'écrit-il ?

Aléa prit une plume et écrivit :

Mahédin.

Puis comme Ali-Kan demeurait impassible :

— Mais pourquoi me demandez-vous cela ?

— Pardonnez-moi, répondit-il, je croyais que c'était un nom oriental.

— En effet, dit Aléa ; ses ancêtres, m'a-t-il dit bien des fois, étaient originaires de l'Orient.

Ali-Kan ne souffla mot. Cependant un observateur aurait remarqué sur son visage un sillon qui s'était subitement creusé verticalement entre ses deux sourcils.

Aléa poursuivit :

— Je ne sais pourquoi vous me faites ces diverses questions, docteur, mais laissez-moi vous dire dans quel but je vous ai fait venir.

— Pour savoir comment allait notre cher malade, j'imagine.

— D'abord, mais... ensuite...

— Ensuite ? écoutez. On dit que je suis belle...

— Ah ! fit Ali-Kan.

— N'allez pas m'aimer, au moins ! fit-elle avec un accent de terreur.

Il eut un sourire triste.

— J'ai passé l'âge des ardentes fièvres du cœur, répondit-il.

Aléa reprit :

— On dit que je suis belle, et bien des hommes se sont épris de moi jusqu'à la fureur, jusqu'au vertige, jusqu'à la folie. Parmi ces hommes, il en était un qui était l'ami de Raymond.

— Ah !

— Cet homme est un Anglais. Il se nomme sir Archibald. Il a longtemps vécu en Orient.

— Eh bien ?

— Je le soupçonne d'avoir provoqué la folie de Raymond.

— En vérité ! fit Ali-Kan dont l'esprit fut traversé par un étrange soupçon.

— J'ai vu cet homme deux fois en ma vie, poursuivit Aléa. La première, c'était il y a trois semaines, le 16 novembre dernier. J'étais au spectacle, avec Raymond. Il vint dans notre loge, il demanda la permission de me saluer. Il me fit froid au cœur.

— Et la seconde? demanda Ali-Kan.

— Ce fut deux jours après, un matin, le 18 novembre par conséquent; le jour naissait. On sonna à la grille. Deux hommes entrèrent. Sir Archibald me ramenait Raymond fou à lier. Il l'avait trouvé, me disait-il, sur le boulevard.

— Après? dit Ali-Kan.

Et le pli qui s'était formé entre les deux sourcils se creusa davantage.

— Eh bien, reprit Aléa, vous allez voir pourquoi je vous ai fait venir, docteur.

— J'écoute, madame.

— Sir Archibald a longtemps vécu en Orient.

— Vraiment?

— Dans les vingt minutes qu'il a passées dans ma loge, il m'a raconté presque toute son histoire. C'est un homme blasé, se jouant de la vertu des femmes et de l'honneur des hommes.

— J'ai le spleen, me dit-il, mais j'ai dans ma poche de quoi le conjurer.

— Est-ce un pistolet? demandai-je, sachant combien un Anglais blasé fait peu de cas de la vie.

— Non, me répondit-il, c'est l'oubli.

Et il ne s'expliqua point davantage.

— Qu'avez-vous donc conclu de ces paroles, madame? demanda Ali-Kan.

— Vous allez voir...

Mais Aléa fut interrompue par un nouveau bruit de voiture, et une seconde fois la cloche de la grille se fit entendre.

FIN DU PREMIER VOLUME

Typographie PANCKOUCKE, quai Voltaire, 13.

EN VENTE A LA MÊME LIBRAIRIE.

OUVRAGES DU MÊME AUTEUR
format grand in-18 jésus.

LES NUITS DU QUARTIER BRÉDA
1 volume inédit.................................... 3 fr.

LA JEUNESSE DU ROI HENRI
TROISIÈME ÉDITION
I. La belle Argentière. 1 vol..................... 3 fr.
II. La Maîtresse du roi de Navarre. 1 vol....... 3 fr.
III. Les Galanteries de Nancy la belle. 1 vol... 3 fr.
IV. Les Aventures du Valet de Cœur. 1 vol..... 3 fr.
V. Les Amours du Valet de Trèfle. 1 vol....... 3 fr.

LES GANDINS
MYSTÈRES DU DEMI-MONDE
TROISIÈME ÉDITION
I. Les Hommes de cheval. 1 vol................. 3 fr.
II. L'Agence matrimoniale. 1 vol............... 3 fr.

LES NUITS DE LA MAISON DORÉE
SIXIÈME ÉDITION
1 volume.. 3 fr.

LE CHAMBRION
HISTOIRE MYSTÉRIEUSE
1 volume.. 3 fr.

L'HÉRITAGE DU COMÉDIEN
1 volume.. 3 fr.

UN CRIME DE JEUNESSE
1 volume.. 3 fr.

LES DRAMES DE PARIS
I. L'Héritage mystérieux. 1 vol................. 3 fr.
II. Le Club des Valets-de-Cœur................. 3 fr.
III. Turquoise la pécheresse. 1 vol............. 3 fr.

LES EXPLOITS DE ROCAMBOLE
I. Une Fille d'Espagne. 1 vol................... 3 fr.
II. La Mort du Sauvage. 1 vol.................. 3 fr.
III. La Revanche de Baccarat. 1 vol............ 3 fr.

LA RÉSURRECTION DE ROCAMBOLE
I. Le Bagne de Toulon. 1 vol................... 3 fr.
II. Saint-Lazare. 1 vol......................... 3 fr.
III. L'Auberge maudite. 1 vol.................. 3 fr.
IV. La Maison de fous. 1 vol................... 3 fr.
V. Le Souterrain. 1 vol......................... 3 fr.

LE DERNIER MOT DE ROCAMBOLE
I. Les Ravageurs. 1 vol......................... 3 fr.

PAS-DE-CHANCE
HISTOIRE D'UN ENFANT PERDU
I. Mémoires de deux Saltimbanques. 1 vol...... 3 fr.
II. Le Mauvais Œil. 1 vol....................... 3 fr.

Paris.—Imprimé chez Jules Bonaventure, 55, quai des Grands-Augustins.

www.ingramcontent.com/pod-product-compliance
Lightning Source LLC
Chambersburg PA
CBHW060402170426
43199CB00013B/1965